U0673510

编委会

编委会主任：赵　金

编委会副主任：杨正权　何祖坤　黄小军

编委会成员：字振华　张体伟　岳　山　平金良

　　　　　　郑欣峰　崔江红　陈亚山　王献霞

脱贫攻坚丛书

POVERTY ALLEVIATION SERIES

云南脱贫攻坚战纪实

中共云南省委宣传部
云南省社会科学院 / 编著

人民出版社

丛书策划：蒋茂凝　辛广伟

责任编辑：杨美艳

封面设计：姚　菲

版式设计：周方亚

图书在版编目（CIP）数据

云南脱贫攻坚战纪实／中共云南省委宣传部，云南省社会科学院编著 .— 北京：
　人民出版社，2021.1

ISBN 978 − 7 − 01 − 023228 − 7

I.①云…　Ⅱ.①中…②云…　Ⅲ.①扶贫 − 研究 − 云南　Ⅳ.① F127.74

中国版本图书馆 CIP 数据核字（2021）第 040670 号

云南脱贫攻坚战纪实

YUNNAN TUOPIN GONGJIANZHAN JISHI

中共云南省委宣传部　云南省社会科学院　编著

人民出版社 出版发行

（100706　北京市东城区隆福寺街 99 号）

北京盛通印刷股份有限公司印刷　新华书店经销

2021 年 1 月第 1 版　2021 年 1 月北京第 1 次印刷

开本：710 毫米 × 1000 毫米 1/16　印张：15

字数：188 千字

ISBN 978 − 7 − 01 − 023228 − 7　定价：60.00 元

邮购地址 100706　北京市东城区隆福寺街 99 号

人民东方图书销售中心　电话（010）65250042　65289539

版权所有·侵权必究

凡购买本社图书，如有印制质量问题，我社负责调换。

服务电话：（010）65250042

前　言

　　殷殷嘱托，庄严承诺。习近平总书记指出，"全面建成小康社会、实现第一个百年奋斗目标，最艰巨的任务是脱贫攻坚，这是一个最大的短板，也是一个标志性指标"①。党的十八大以来，以习近平同志为核心的党中央把脱贫攻坚摆到治国理政的重要位置，纳入"五位一体"总体布局和"四个全面"战略布局。脱贫攻坚力度之大、规模之广、影响之深前所未有，取得了历史性成就，为人类减贫事业作出了中国贡献，提供了中国智慧和中国方案。

　　云南作为全国脱贫攻坚的主战场，是贫困人口最多、贫困程度最深的省份之一，贫困县数量居全国第一、贫困人口数量多，脱贫攻坚任务十分艰巨。在推进我国减贫事业中，云南省委、省政府不断增强政治责任感，始终坚持把习近平总书记关于扶贫工作的重要论述、两次考察云南重要讲话和一系列重要指示精神作为根本遵循，坚持以脱贫攻坚统揽经济社会发展全局，切实把脱贫攻坚作为重大政治任务、发展头等大事和第一民生工程来抓，按照"五个一批"的要求，咬定

---

① 中共中央党史和文献研究院：《习近平扶贫论述摘编》，中央文献出版社 2018 年版，第 19—20 页。

目标、真抓实干，尽锐出战、攻坚克难。一个战役接着一个战役打、一个难点接着一个难点攻坚，稳定解决建档立卡贫困人口"两不愁三保障"问题，贫困人口收入增幅高于全省平均水平，贫困地区基础设施发生翻天覆地变化，贫困群众精神面貌焕然一新，"一个都不能掉队"庄严承诺如期实现，边疆贫困治理能力显著提升，创造了脱贫攻坚的"云南样本""中国奇迹"，在中国特色扶贫开发道路上迈出了坚实步伐。2020年12月8日上午，国务院新闻办公室在昆明举行以"牢记总书记关心嘱托打好云南脱贫攻坚战"为主题的新闻发布会，向世界庄严宣布，云南与全国一样，现行标准下农村贫困人口全部脱贫、88个贫困县全部摘帽、8502个贫困村全部出列、11个"直过民族"和人口较少民族实现整体脱贫，困扰云南千百年的绝对贫困问题得到历史性解决。

奋进的时代值得书写，辉煌的事业值得记载，伟大的成就值得传颂。为贯彻落实习近平总书记"脱贫攻坚不仅要做得好，而且要讲得好"的指示精神，中共云南省委宣传部、云南省社会科学院按照云南省委、省政府安排，组织编写《云南脱贫攻坚战纪实》，全面记录各族群众在习近平新时代中国特色社会主义思想指引下奋勇拼搏、历史性地消除绝对贫困的伟大实践，提炼脱贫攻坚伟大精神。本书以深入学习贯彻习近平关于扶贫工作的重要论述为政治背景，结合云南脱贫攻坚的目标和任务，从世情国情省情出发，立足大量调查研究，采取文献分析、实证分析、比较分析、案例分析等方法，生动展现云南坚决响应党和国家号召、坚决打赢脱贫攻坚战的新时代画卷。全书共分为六个部分：第一部分提纲挈领，宏观介绍云南坚决贯彻党中央的决策部署，建立具有"四梁八柱"性质的脱贫攻坚责任、工作、政策、投入、帮扶、社会动员、监督、考核体系，全面铺开脱贫攻坚战场的整体布局；第二部分揭开攻坚战序幕，集中反映云南贯彻精准施策的基本方略，坚持具体问题具体分析，打好精准脱贫攻坚战的主要做法；第三部分抓住重点和关键，细化概括聚焦深度贫困地区，集中优势兵力，以更大的决心和力度啃下硬骨头，打深度贫困歼灭战的一系列重大举措；第四部分坚持目标导向和问题导向，充分体现补齐短板弱项、巩固脱贫成果，有效衔接乡村振兴战略，全面打赢精准脱贫收官战的责任担当；第五部分集中总结和提炼在打赢脱贫攻坚战中取得的实践成效、经验启示和伟大精神；第六部分为激发前进动力，收录了来自扶贫一线的典型案例、感人故事和 2015 年以来具有脱贫攻坚节点意义的大事要事。实践证明，党中央、国务院关于脱贫攻坚的决策部署是完全正确的，精准扶贫精准脱贫的基本方略是科学适用的，脱贫攻坚的顶层设计和政策举措是科学完善的。

脱贫只是第一步，更好的日子还在后头。一个时代有一个时代的特殊问题，一代人有一代人的特殊使命。"民亦劳止，汔可小康"是云南人民世世代代的憧憬。对美好生活的向往，是党和国家矢志不渝的追求。习近平总书记指出："让老百姓过上好日子是我们一切工作的出发点和落脚点。"①努力实现共同富裕的目标理想，我们还有很长的路要走。我们坚信，在习近平新时代中国特色社会主义思想的指引下，在以习近平同志为核心的党中央坚强领导下，在各族群众的团结奋斗下，充分发挥中国特色社会主义的制度优势，云南必将在中华民族决战决胜脱贫攻坚事业中书写光辉的一页，如期实现全面建成小康社会的宏伟目标，在实现中华民族伟大复兴中国梦的伟大事业中续写新的篇章！

---

① 中共中央党史和文献研究院：《习近平扶贫论述摘编》，中央文献出版社 2018 年版，第 24 页。

目 录 CONTENTS

第 一 章

吹响冲锋号　立下军令状

习近平总书记在 2015 年中央扶贫开发工作会议上提出，"动员全党全国全社会力量，齐心协力打赢脱贫攻坚战"。"我们要立下愚公移山志，咬定目标、苦干实干，坚决打赢脱贫攻坚战，确保到 2020 年所有贫困地区和贫困人口一道迈入全面小康社会。①"以此为标志，中国脱贫攻坚的冲锋号正式吹响。云南省委、省政府迅速行动，压实责任，带领全省各族群众打响了脱贫攻坚战。

一、提高政治站位，以脱贫攻坚统揽全局

"农村贫困人口如期脱贫、贫困县全部摘帽、解决区域性整体贫困，是全面建成小康社会的底线任务，是我们作出的庄严承诺"。②云南认真贯彻落实习近平总书记指示精神，坚持政治引领，以脱贫攻坚统揽经济社会发展全局，切实把脱贫攻坚作为新时代必须打赢的第

---

① 习近平：《习近平谈治国理政》第二卷，外文出版社 2017 年版，第 83 页。
② 中共中央党史和文献研究院：《习近平扶贫论述摘编》，中央文献出版社 2018 年版，第 19 页。

一场硬战。

（一）准确把握习近平总书记关于扶贫工作重要论述的精神实质

理论是实践的先导。云南坚持把习近平总书记关于扶贫工作的重要论述作为决战脱贫攻坚的根本遵循和行动指南，准确把握脱贫攻坚的战略地位、基本方略、实践路径，坚决打赢脱贫攻坚战。

1. 充分认识扶贫工作的重要战略地位

"消除贫困、改善民生、逐步实现共同富裕，是社会主义的本质要求，是我们党的重要使命"。[①]

做好扶贫工作是党的重要使命。反贫困是古今中外治国理政的一件大事，脱贫攻坚是一场硬仗。让人民过上好日子，是我们一切工作的出发点和落脚点，体现了中国共产党人一以贯之的初心和使命。坚决打赢脱贫攻坚战、确保到 2020 年所有贫困地区和贫困人口一道迈入全面小康社会是我们义不容辞的责任和使命。

解决贫困问题是社会主义的本质要求。如果贫困地区长期贫困，群众生活水平长期得不到明显提高，就没有体现社会主义制度的优越性。中国共产党在中国执政就是要为民造福，而只有做到为民造福，我们党的执政基础才能坚如磐石。

消除贫困，是促进社会公平正义，让贫困人口共享改革发展成果的主要举措，是实现中华民族伟大复兴中国梦的重要战略路径。

[①] 中共中央党史和文献研究院：《习近平扶贫论述摘编》，中央文献出版社 2018 年版，第 13 页。

2.把握精准扶贫精准脱贫基本方略

精准扶贫、精准脱贫是新时期扶贫工作的基本方略。扶贫开发贵在精准，重在精准，成败之举在于精准，必须牢牢把握"精准"这个核心。

在精准施策上出实招。深入分析致贫原因、禀赋条件，坚持因人因地施策，因贫困原因施策，因贫困类型施策。按照贫困地区和贫困人口的具体情况，围绕"六个精准"①"五个一批"②要求，积极探索多渠道、多元化的精准扶贫路径。

在精准推进上下实功。扎扎实实，一步一个脚印地推进，不空喊口号、好大喜功、盲目蛮干，不能搞大水漫灌、走马观花、手榴弹炸跳蚤。设定时间表和路线图，做到有序进退、精准推进，脱贫摘帽和全面建成小康社会进程对标对表，既防止拖延病，又防止急躁症。

在精准落地上见实效。采取更加集中的支持、更加有力的举措、更加精细的工作，瞄准特定贫困群众精准帮扶，以求真务实的作风确保焦点不散、靶心不变、频道不换。在精准落实中央关于脱贫攻坚重大方针政策上体现高质量，善于在乡亲们的笑声与骂声中去衡量政策好不好，让群众有更多的获得感。

3.用好扶贫工作经验这一制胜法宝

扶贫工作必须坚持因地制宜、科学规划、分类指导、因势利导，坚持专项扶贫、行业扶贫、社会扶贫"三位一体"大扶贫格局，用好长期实践积累的丰富经验。

坚持党的领导，强化组织保证。坚持党的领导，发挥社会主义制

---

① "六个精准"：坚持扶持对象精准、项目安排精准、资金使用精准、措施到户精准、因村派人（第一书记）精准、脱贫成效精准"六个精准"。

② "五个一批"：发展生产脱贫一批，易地搬迁脱贫一批，生态补偿脱贫一批，发展教育脱贫一批，社会保障兜底一批。

度可以集中力量办大事的优势，这是我们的最大政治优势。强化组织保障，是贫困地区脱贫致富的重要经验，把基层党组织建设成为带领群众脱贫致富的骨干力量，进一步发挥战斗堡垒作用。

坚持加大投入，强化资金支持。加大中央和省级财政扶贫投入，坚持政府投入在扶贫工作中的主体和主导作用，增加金融资金投入，吸引社会资金参与。积极开辟新的资金渠道，多渠道增加资金投入。

坚持社会动员，凝聚各方力量。脱贫致富不仅仅是贫困地区的事，也是全社会的事。"人心齐，泰山移"，广泛调动社会各界参与扶贫工作的积极性，鼓励、支持、帮助各类非公有制企业、社会组织、个人自愿采取包干方式参与扶贫，形成全社会参与的大扶贫格局。

从严要求，促进真抓实干。坚持把全面从严治党要求贯穿脱贫攻坚工作全过程和各环节，实施经常性的巡视督查检查和最严格的考核评估，扶贫工作必须务实、脱贫过程必须扎实、脱贫结果必须真实，让脱贫成效真正获得群众认可、经得起实践和历史检验，决不搞花拳绣腿，决不摆花架子。

坚持群众主体，激发内生动力。坚持依靠人民群众，充分调动贫困群众积极性、主动性、创造性，坚持扶贫和扶志、扶智相结合，正确处理外部帮扶和贫困群众自身努力关系。组织、引导、支持贫困群众用自己辛勤劳动实现脱贫致富，激发贫困群众内生动力，为脱贫攻坚提供不竭动力。

4. 牢记总书记打赢脱贫攻坚战的殷殷嘱托

习近平总书记两次考察云南，对扶贫工作作出了重要指示，为打赢脱贫攻坚战指明了前进方向、提供了根本遵循。

牢记职责使命。扶贫开发是实现第一个百年奋斗目标的重点工作，是最艰巨的任务。"小康不小康，关键看老乡"①。"要是到2020年还有几个连片贫困地区依然如旧，就谈不上全面小康"②。这既坚持了以人民为中心的发展思想，又体现了对云南的关心。

牢记工作要求。增强扶贫开发时不我待的紧迫感，真抓实干，决不能让困难地区和困难群众掉队。聚焦深度贫困地区，聚焦工作难度大的县乡村，按照"五个一批"的办法，强化分类施策、挂牌督战，着力攻克最后堡垒。牢牢把握"两不愁三保障"的基本标准，坚持"富脑袋"和"富口袋"并重。

坚持基本方略。以更加明确的目标、更加有力的举措、更加有效的行动，深入推进精准扶贫、精准脱贫，项目安排和资金使用都要提高精准度，扶到点上、根上，让贫困群众真正得到实惠。将"精准"二字贯穿始终，强调自力更生，奋发图强，用"绣花"功夫落实好精准扶贫、精准脱贫基本方略。

脱贫不是终点。"乡亲们脱贫只是迈向幸福生活的第一步，是新生活、新奋斗的起点。要在全面建成小康社会基础上，大力推进乡村振兴"③。在打赢脱贫攻坚战的基础上，为群众的幸福生活继续奋斗，接续做好全面脱贫衔接乡村振兴工作。

（二）抓实本世纪必须打赢的第一场硬战

云南增强"四个意识"、坚定"四个自信"、做到"两个维护"，

---

① 中共中央党史和文献研究院：《习近平扶贫论述摘编》，中央文献出版社2018年版，第12页。

② 《新年首次离京：习近平察看鲁甸地震遗址》，新华网2015年1月20日。

③ 《习近平春节前夕赴云南看望慰问各族干部群众 向全国各族人民致以美好的新春祝福各族人民生活越来越好祝祖国欣欣向荣》，《人民日报》2020年1月22日01版。

把思想统一到习近平总书记关于扶贫工作重要论述上来，坚持精准扶贫精准脱贫基本方略，坚持以脱贫攻坚统揽经济社会发展全局，切实把脱贫攻坚作为重大政治任务、发展头等大事和第一民生工程来抓，政治上对标对表，行动上坚决有力，扎实推进脱贫攻坚各项工作。

1.强化第一民生工程地位

思想决定行动，认识决定成败。把旗帜鲜明讲政治贯穿脱贫攻坚始终，从习近平总书记关于扶贫工作的重要论述和考察云南重要讲话精神中找立场、找方向、找方法、找答案，明确脱贫攻坚第一民生工程定位、全面小康社会底线工程定位，以此统一思想，形成强大动力。

统一广大干部群众对脱贫攻坚重要性的认识。脱贫攻坚是云南与全国一道迈入全面小康社会、实现第一个百年奋斗目标最艰巨、最基础的任务，也是广大干部群众为之奋斗的第一民生工程。如期解决4个集中连片特困地区、迪庆州、怒江州、27个深度贫困县的贫困问题，如期实现11个"直过民族"和人口较少民族脱贫目标是全面建成小康社会的底线任务。脱贫攻坚是巩固党在边境地区、民族地区执政基础的关键举措，是实现民族团结进步、边疆繁荣稳定的重要抓手。坚决贯彻落实"不让一个民族掉队""全面小康一个都不能少"的发展理念，打好"守边强基"攻坚战。

统一对精准扶贫精准脱贫的认识。精准扶贫精准脱贫必须统一到习近平总书记关于"六个坚持"①的思想上来。

坚持"六个精准"。云南坚持实事求是，从实际出发，创造性地

---

① "六个坚持"：坚持党的领导，强化组织领导；坚持精准方略，落实精准打法；坚持社会动员，凝聚各方力量；坚持从严要求，促进真抓实干；坚持群众主体，激发内生动力。

实施了"六清"工作法①。在"五个一批"基础上，提出打好"十大攻坚战"②。在加强与上海、广东扶贫协作，做好中央定点扶贫的过程中，全面落实"一族一策、一族一帮"特殊举措，创新实践"一个民族聚居区一个行动计划、一个集团帮扶"攻坚模式。坚持"富口袋"与"富脑袋"并重，加强"自强诚信感恩"教育，推广积分换报酬、爱心超市等扶贫方式，激发群众内生动力。在挂包帮实践中，深入开展"双一双"活动③。

将广大干部群众的认识转化为自觉行动。坚持把脱贫攻坚作为"不忘初心、牢记使命"主题教育的实践载体和生动课堂，强化脱贫攻坚是"首要政治任务、发展头等大事、第一民生工程"的思想自觉，"五级书记抓脱贫、党政同责促攻坚"的政治自觉，"不抓脱贫攻坚是失职、抓不好脱贫攻坚是渎职"的行动自觉。

将行动自觉内化为行为模式。通过分级分类采取集中轮训、专题研讨、送教下乡等方式，全覆盖培训地方党政领导干部、部门行业干部、扶贫系统干部、帮扶干部、贫困村干部5类干部，压实广大党员干部攻坚责任、提高扶贫能力和决战决胜的信心，将精准扶贫理念内化为广大干部的思维模式和工作方式。

2.压实党员干部政治责任

把扶贫工作确定为每一级党政组织、每一名党员干部沉甸甸的政治责任，强化和明确不同岗位的职能责任。

---

① "六清"：贫困对象家底清、致贫原因清、帮扶措施清、投入产出清、帮扶责任清、脱贫时序清。

② "十大攻坚战"：易地搬迁攻坚战、产业就业攻坚战、生态扶贫攻坚战、健康扶贫攻坚战、教育扶贫攻坚战、素质提升攻坚战、危房改造攻坚战、贫困村脱贫振兴攻坚战、守边强基攻坚战、迪庆怒江深度贫困攻坚战。

③ "双一双"：机关联系农村基层、党员干部联系贫困群众，机关党支部与贫困村党支部结对共建，基层党建与脱贫攻坚双推进的双联系一共建双推进活动。

层层压实责任。按照事事有人负责、人人都有责任的要求，建立责任连锁机制，把责任压到党政一把手头上、压到分管领导身上、压到驻村工作队员肩上，把任务分解落实到部门、落实到岗位、落实到人头，使责任环环相扣、压力层层传导，形成严密的责任网，确保每一个脱贫环节、每一项脱贫工作及任务都有人抓，有人管，有序推进。

倒逼从严问责。层层签订脱贫攻坚"军令状"，利用问责武器，把那些不担当、不作为、乱作为的行为，敷衍塞责、弄虚作假、空喊口号、不抓落实的行为，搞上有政策、下有对策以及形式主义、官僚主义的行为，整改不力、整改不实、"数字整改""报告整改"等行为作为问责对象和重点，通过严肃问责，倒逼各级干部真抓实干，推动脱贫攻坚各项工作有始有终、善作善成。

广大干部群众牢记使命担当，紧扣脱贫攻坚任务目标，将各项工作抓实落地，坚决打好脱贫攻坚战。

3. 狠抓扶贫工作落地落实

喊口号容易，抓工作落地难。云南及时安排部署脱贫攻坚工作、抓实整改落实、常抓不懈、做好扫尾工作，确保政策不走样，实践不偏离。

及时安排部署。做细打赢脱贫攻坚战决定的实施意见，为打好脱贫攻坚战提供路径和方法；做好脱贫攻坚"十三五"规划，打赢脱贫攻坚战三年行动计划，细化脱贫目标任务。加大对"直过民族"和人口较少民族的扶持力度，加大对"镇彝威"等革命老区扶贫投入力度，实施特殊扶持政策，确保少数民族群众、老区群众与其他地区群众同步进入全面小康社会。

抓实整改工作。坚持自我革命精神，抓好中央脱贫攻坚专项巡视和脱贫攻坚成效考核发现问题的整改落实。对重点州（市）一个一个盯，对重点问题一个一个改，确保各类问题改彻底、改到位。在找准问题的基础上，认真分析问题背后的深层次原因，注重从制度和政策入手加以解决。

坚持常抓不懈。强化责任担当，把防止工作松懈滑坡摆在突出位置，落实"四个不摘"要求，做到频道不换、靶心不变、力度不减，做到财政专项扶贫资金投入力度不减，财政涉农资金整合力度不减，贫困村第一书记和驻村工作队不撤不换，扶上马、送一程。加强对脱贫户的后续帮扶，确保脱贫摘帽县始终保持攻坚势头和工作力度。

做好提升工作。在脱贫攻坚进入巩固提升阶段，推动资源和力量进一步向剩余贫困人口聚焦，努力补齐突出短板弱项，及时对账销号，确保剩余贫困人口全部脱贫。通过开展贫困县脱贫摘帽后"四个不摘"政策落实不力、工作松劲懈怠问题专项整治，督促筛查已脱贫摘帽县"两不愁三保障"中的短板和缺项，确保脱贫结果经得起检验。通过开展专题调研督导，加大跟踪监测和暗访力度，对存在松劲懈怠问题的脱贫摘帽县，进行常态化约谈，及时提醒纠正。

抓好工作衔接。从"脱贫摘帽不是终点，而是新生活新奋斗的起点"要求出发，通过打好贫困村乡村振兴攻坚战，抓好全面脱贫与乡村振兴的衔接工作，扎实推进贫困村乡村振兴各项工作；建立健全稳定脱贫和防止返贫长效治理机制，巩固脱贫成果。

通过压实工作责任，狠抓工作落地，将脱贫攻坚当作最大的政治任务来抓，脱贫攻坚各项工作有序推进。

（三）按照中央部署要求统筹推进

坚持脱贫目标不动摇，统揽工作不懈怠，对标对表党中央决策部署的脱贫攻坚任务，一件一件梳理，一项一项细化，倒排工期，争分夺秒地推进工作。

1.咬定脱贫退出目标

始终以"2020年实现现行标准下贫困人口脱贫、贫困县摘帽，解决区域性整体贫困问题"，稳定实现贫困人口"两不愁三保障"，与全国人民一道迈入全面小康社会为奋斗目标。坚定脱贫信心，细化脱贫目标，倒排脱贫攻坚进度，将党中央、国务院的决策部署贯彻到底，统筹推进。

2.紧盯脱贫攻坚对象

紧盯脱贫对象不改变。坚持以建档立卡贫困人口为扶持对象，建立健全精准识别和管理机制，实现应纳尽纳，应扶尽扶。加强动态监测管理，在脱贫攻坚期内，始终紧盯贫困户，针对他们的动态发展需求，做好可持续扶持和后续扶持。加强返贫预警和动态帮扶，对存在返贫风险的已脱贫人口和存在致贫风险的边缘人口，实施动态监测预警。

3.严格执行脱贫标准

严格按照"两不愁三保障"脱贫标准考核退出。坚持目标标准，对贫困对象精准识别、建档立卡、动态管理，紧盯"两不愁三保障"和饮水安全等贫困户摘帽标准，严格执行国家确定的贫困县退出标准。对深度贫困地区和贫困人口，坚决防止降低标准、搞数字脱贫。对已脱贫的地区，加强督查巡查，切实防止盲目拔高标准，把完成任务的达标赛搞成相互攀比的锦标赛。严把退出关，精心组织第三方评估机构开展严格评估，确保脱的是"真贫"、摘的是"真帽"。严格按照脱贫标准及第三方评估考核发现的问题开展整改清零工作。

4.统揽经济社会发展

推动农业供给侧结构性改革、农村改革、公共服务均等化等向贫困地区聚焦。

各项优惠政策、发展项目、财政资源向贫困地区、贫困人口倾斜。通过脱贫攻坚促进农业供给侧结构性改革，注重新型农业经营主体培育。把贫困地区当作深化农村改革的试验场，各种促进经济发展的改革举措，优先在贫困地区试验，用足国家城乡建设用地增减挂钩政策，助力精准脱贫。把贫困地区当作城乡公共服务均等化改革与发展的首要区域，优先发展贫困地区公共服务。把贫困人口当作社会保障制度建设的核心受益群体，建立向贫困人群倾斜的医疗、最低生活保障、养老、住房保障制度。

二、构建制度体系，健全体制机制

"我们要加强党对脱贫攻坚工作的全面领导，建立各负其责、各司其职的责任体系"，构建精准识别、精准脱贫工作体系，健全上下联动、统一协调的政策体系，完善因地制宜、因村因户因人施策的帮扶体系等，目的是为脱贫攻坚提供有力制度保障。[①] 根据习近平总书记要求，云南通过建立健全责任落实、工作推进、投入保障、社会动员、监督检查、考核退出等各方面的制度体系，为脱贫攻坚提供坚实的制度保障。

（一）明确脱贫责任体系

严密的责任体系是确保脱贫攻坚有人抓、有人管，责任到人，促

[①] 中共中央党史和文献研究院：《习近平扶贫论述摘编》，中央文献出版社 2018 年版，第 50 页。

进脱贫攻坚有序推进的组织保障。[①]2017年5月，制定和实施《脱贫攻坚责任制实施细则》，健全"省负总责、市县抓落实"的工作责任，落实"五级书记抓扶贫工作"、党政一把手负责、党政同责的责任体系，为脱贫攻坚提供组织保障。

1. 党委政府勇担政治责任

明确各级党委政府的工作责任，是理顺管理权责，确保脱贫攻坚扎实、有序推进的基础，健全"省负总责、市县抓落实"的工作机制。

云南省委、省政府担负全省脱贫攻坚总体责任。落实"省负总责"，坚持以脱贫攻坚统揽经济社会发展全局。强化组织领导、全面压实责任、完善政策措施、强化资金保障、强化监督检查。做好脱贫攻坚规划，确定年度脱贫目标、及时推动建立项目库、精准投放扶贫项目资金、强化组织动员、检查指导。履行省级政策供给、资源整合、财政投入等职责，统筹脱贫攻坚总体安排。

16个州（市）党委政府负责推动贫困地区开展脱贫攻坚工作，负责各项工作落实。有扶贫任务的县级党委和政府承担脱贫攻坚主体责任，负责制定脱贫攻坚实施规划，抓好落实中央、省级扶贫政策；同时，根据省级脱贫攻坚规划和进度安排、按要求实施扶贫项目；优化配置各类资源，用好扶贫资金，做好人力调配，使各项扶贫措施落到实处。县级党委和政府主要负责人是第一责任人。县级党委政府指导乡镇做好脱贫攻坚规划，履行好项目库建设、资源使用、贫困人口帮扶、基层党建等方面的职责。

此外，通过强化攻坚督战机制，实施经常性的督查巡查和常态化

---

① 中共中央党史和文献研究院：《习近平扶贫论述摘编》，中央文献出版社 2018 年版，第 35 页。

约谈，夯实省负总责和市县抓落实的工作责任。

2.党政领导履行第一责任

全面建立省、州（市）、县（市、区）、乡（镇）、村"五级书记抓扶贫"的责任体系，强化"党政一把手负总责"的责任制。2017年8月，印发《关于进一步加强脱贫攻坚组织保障的通知》，进一步压实"五级书记"抓扶贫的领导责任。

各级党组织书记履行第一责任职责。省委书记担负全省脱贫攻坚的领导责任，统筹安排部署全省脱贫攻坚工作。州（市）、县（市、区）委书记全面落实中央、省级脱贫攻坚工作安排部署，全面领导和部署本县脱贫攻坚工作，确保辖区内脱贫攻坚工作有序推进。乡（镇）书记执行县级安排，抓实脱贫攻坚项目建设及进度。村党支部书记执行县级安排和部署，做好贫困户和贫困人口的识别及帮扶。

政府负责人与书记共同履行第一责任人职责。省长、州（市）长、县（市、区）长、乡（镇）长与同级书记共同履行第一责任人职责，全面担负起脱贫攻坚工作的具体推进和落实责任。村委会主任配合村党支部书记抓好贫困村脱贫攻坚的具体任务落实。省、州（市）、县（市、区）、乡（镇）均成立党政"一把手"任"双组长"的扶贫开发工作领导小组，共同履行第一责任人职责，统筹推进脱贫攻坚工作。

通过"五级书记"抓扶贫、党政同责的领导机制，明确了党政一把手的第一责任人地位、"一把手工程"地位，确保脱贫攻坚高位推进。

3.行业部门落实一把手责任

脱贫攻坚是发展和改革委员会、工业和信息化、教育、科学技术、民族宗教事务委员会、公安、民政、司法、财政、人力资源和社会保障、自然资源、生态环境、住房和城乡建设、交通运输、农业农村、林业和草原、水利、商务、文化和旅游、卫生健康、医疗和保障、扶贫开发办公室等相关部门的共同工作。行业部门是党委政府的具体工作部门、党政一把手领导责任落到实处的具体抓手，也是行业扶贫的具体推动者和实施者。通过建立行业部门一把手行是业扶贫第一责任人制度，建立行业扶贫机制。

根据不同行业部门资源占有、工作职责及贫困地区、贫困村脱贫发展需求，明确不同任务的责任部门，由不同的行业部门负责具体的扶贫工作。明确行业负责人在行业扶贫中的第一责任人地位，把行业扶贫工作纳入行业部门年度综合考评重要内容，形成考核结果并提交有关部门，作为评价领导班子和领导干部工作实绩的重要参考。

通过建立以脱贫攻坚责任制为核心的工作机制，形成了党政一把手负责、责任层层分解，以县为责任主体、行业部门抓落实的纵向到底、横向到边的扶贫责任体系。

（二）优化扶贫工作体系

有效的工作体系是精准扶贫落到实处的载体。在明确责任体系的同时，通过不断完善工作体系，及时对贫困户和贫困村开展精准识别、精准帮扶、精准管理和精准考核，引导各类扶贫资源优化配置，为科学扶贫奠定坚实基础。

1. 确立精准识别制度

精准识别贫困对象是精准扶贫的基础。通过明确精准识别工作程序和相关管理制度，严格遵守申请评议、公示公告、抽检核查、信息录入等步骤，对贫困户和贫困村进行有效识别，完成建档立卡工作，统一录入国家扶贫系统。同时，健全完善动态管理制度。2017 年，将扶贫对象动态调整写入《云南省农村扶贫开发条例》，明确建立县级人民政府扶贫开发行政主管部门扶贫开发对象确认机制，并以年度为基础实行动态管理。

严格按照"两不愁三保障"标准加强贫困对象精准识别工作，全面确立年度为主，不定期回头看为辅的动态管理机制，强化贫困对象识别精准。年度调整主要解决当年脱贫与返贫、临时性贫困问题，及时将已经脱贫的群众标识退出，并将返贫和新增贫困人口纳入建档立卡管理系统，确保贫困人群能够获得党和国家的及时扶持和救助，共享改革发展的成果。不定期回头看主要解决精准识别依据、标准、户数等存在的问题，并将返贫的贫困户纳入到建档立卡贫困系统中来。

在精准识别以及年度调整和不定期回头看双重措施保障下，扶贫对象精准得到有力保障，为实施精准帮扶举措提供了前提保证。

2. 实施精准帮扶举措

始终坚持精准帮扶，在产业扶贫、就业扶贫、易地扶贫搬迁、生态扶贫、教育扶贫、健康扶贫、农村危房改造、农村饮水安全、兜底保障等方面全面落实精准要求。在精准识别贫困对象的基础上，从集中连片贫困地区、贫困县、贫困村、贫困户、"直过民族"和人口较少民族的致贫原因、发展条件出发，制定科学的帮扶计划，把开发式扶贫与保障性扶贫、扶持到户与公共服务改善、能力素质提升与基础设施建设、短平快项目与长期增收项目有机结合起来，实施精准帮扶。

开发式扶贫与保障性扶贫相结合。把产业就业作为脱贫攻坚的中心工作，增强贫困群众自我发展能力及增收致富能力。就地开发与易地开发相结合，对"一方水土养不起一方人""公共服务成本高"地区实施易地扶贫搬迁。同时，健全完善医疗救助、临时性救济、最低生活保障等制度，实施社会保障兜底扶贫。

精准扶持到户与公共服务相结合。坚持精准帮扶到村到户，因户施策，破解贫困户发展难题。协同推进贫困地区公共服务均等化发展，改善贫困户发展环境，提高幸福感、获得感。

能力素质扶贫与基础设施相结合。全面推进教育扶贫，持续开展能力素质提升工程，加强贫困地区基础设施建设，提高贫困群众发展能力，改善发展环境。

短平快项目与长远性扶持相结合。通过调整产业结构，发展短期性增收产业；开展农村劳动力转移就业专项行动，实现贫困户在短期内增收脱贫。同时，把长期性增收项目作为扶持重点，促进一二三产业融合发展；倡导绿色发展理念，不断提高扶贫措施及效果的可持续性。

通过建立针对贫困户，贫困地区的精准帮扶措施，提高贫困户发展能力，改善发展环境，促进增收致富。在此基础上，健全完善管理机制，通过加强对贫困对象及扶贫项目的管理，确保对象不错，项目不偏。

3.落实从严考核要求

始终坚持精准退出，严格考核评估、严格退出程序，全面补齐短板，确保真脱贫、脱真贫。严格的考核退出机制，是确保脱贫质量的关键。通过建立自查自纠制度、实施严格考核退出制度、引入第三方评估制度等，建立严格的考核体系，确保脱贫攻坚成效经得起历史、人民和实践的检验。

建立自查自纠制度。全面建立年度自查自纠制度，以县为单位自查自评，逐一排查脱贫攻坚各项工作推进中的遗漏和不足，逐一开展短板弱项补齐行动，确保脱贫退出精准。

严格考核退出制度。严格根据中央脱贫标准，细化脱贫指标，以县为单位，对照指标进行自我评估，脱贫退出申报，省级进行考核退出。

引入第三方评估制度。按照中央要求，引入第三方独立评估，对贫困县脱贫工作开展情况、脱贫退出质量进行科学评估。

通过建立对贫困户和贫困村识别、帮扶、管理制度，以及对贫困县开展扶贫工作情况的量化考核机制，明确了脱贫退出程序。

（三）完善政策支撑体系

政策体系是确保脱贫攻坚各项工作制度化、规范化的法制基础。为确保脱贫攻坚有序推进，及时建立并不断完善政策体系，着力构建"3+X"的政策框架，做好扶贫规划，完善行动方案，为脱贫攻坚提供纲领性指导。

1.构建扶贫政策框架

制度先行是脱贫攻坚工作规范化的重要体现。2015年至2017年，及时出台《关于深入贯彻落实党中央国务院脱贫攻坚重大战略部署的决定》《关于举全省之力打赢扶贫开发攻坚战的意见》，修订《云南省农村扶贫开发工作条例》，印发了系列政策文件或行动计划，组织部门、纪检监察部门等，完善了若干配套文件，全面建立精准扶贫的政策框架，为脱贫攻坚实践提供政策支持。

精准扶贫政策对扶贫对象、帮扶举措、考核退出、保障措施等进行了细化，使脱贫攻坚各项工作有章可循，有法可依。同时，还对重大扶贫项目及工程进行了部署安排。在构建精准扶贫政策框架的基础上，各级政府编制相应规划，细化、分解脱贫攻坚任务。

2.制定脱贫攻坚规划

规划是纲领性文件，在脱贫攻坚中起到引领作用。通过逐级编制"十三五"脱贫攻坚规划，协调行业部门制定行业扶贫专项规划，为政策承接、资金整合、项目统筹、各方合力的形成提供依据。

脱贫攻坚"十三五"规划，对 2020 年如期实现脱贫攻坚的目标任务进行了分解，明确了不同年度脱贫攻坚工作的重点。深度贫困地区突出了区域致贫原因及主要任务，对区域脱贫攻坚任务进行了分解。行业部门规划明确了不同部门在脱贫攻坚中的重点工作及任务，明确了责任分工。

3. 完善专项行动方案

完善的行动方案是打好脱贫攻坚战将脱贫攻坚各项政策、规划落到实处的具体行动指南。在构建政策框架、制定脱贫规划的基础上，编制和实施了《云南省全面打赢"直过民族"脱贫攻坚战行动计划（2016—2020 年)》《迪庆藏区脱贫攻坚三年行动计划（2016—2018 年)》《怒江州脱贫攻坚全面小康行动计划（2016—2020 年)》《昭通市镇雄彝良威信革命老区精准扶贫脱贫三年行动计划（2016—2018)》《云南省全力推进迪庆州怒江州深度贫困脱贫攻坚实施方案（2018—2020 年)》。

通过编制和实施针对深度贫困地区的行动方案，建立起针对不同类型地区致贫原因、发展需求的特殊扶持政策和行动计划，加速推进了特殊地区和贫困人口脱贫攻坚进程。

（四）健全投入保障体系

投入保障是确保打赢脱贫攻坚战的基石。习近平总书记指出，"必须发挥政府投入的主体和主导作用，增加金融资金对扶贫工作的投入，吸引社会资金广泛参与扶贫工作，积极开辟新的资金渠道。"[1]通过发挥政府投入的主导作用，加强财政涉农资金整合利用，强化金

---

[1] 中共中央党史和文献研究院：《习近平扶贫论述摘编》，中央文献出版社 2018 年版，第 88—89 页。

融扶贫作用，动员社会资本参与扶贫，实现资金、资源投入与脱贫攻坚任务相匹配。

1.明确政府投入主体作用

建立财政投入稳定增长机制，通过财政涉农资金整合使用、创新资金分配机制，建立与脱贫攻坚任务相匹配的资金保障体系，为打赢脱贫攻坚战提供强有力保障。

建立稳定的财政投入增长机制。中央加大对贫困地区一般性转移支付力度，以此增强贫困地区脱贫攻坚财政保障能力。省级不断加大投入水平。2015—2019 年，中央和省级财政专项扶贫资金投入从61.5 亿元增长到 190.5 亿元，年均增长 32.7%，累计共投入 585.9 亿元。其中，2019 年中央财政专项扶贫资金总量达 127.5 亿元，比上年增长 37.1%；省级投入 63 亿元，增幅 37.2%。理顺扶贫事权与投入责任的关系，确立县级扶贫开发主体责任，提前下达资金，保障脱贫攻坚各项工作同步推进。仅 2018 年，到位专项扶贫资金就达 202.22 亿元，其中中央 93.03 亿元、同比增加 21.28 亿元，省级 45.92 亿元、同比增加 13.21 亿元，市级 22.84 亿元，县级 40.43 亿元。

整合财政涉农资金。2016 年，推进扶贫资金管理改革，全面实行扶贫目标、任务、资金、权责"四到县"改革，省级以上财政专项扶贫资金主要按因素法切块下达到县。注重县级涉农财政资金整合，88 个贫困县试点实施统筹整合使用财政涉农资金，将新增 9 项省级资金也纳入整合范围。2018 年，探索涉农资金源头整合，不断加大政府财政投入脱贫攻坚的力度。

创新资金分配机制。结合脱贫攻坚任务及难度，完善因素分配法①和项目审批权限下放机制，建立完善资金竞争性分配机制，省

---

① 资金分配的因素主要包括贫困状况、政策任务和脱贫成效等。

级以上财政专项扶贫资金分配与贫困县脱贫攻坚进度安排、资金管理使用、工作实绩直接挂钩。同时，对资金使用得好、用出效益的州（市）县，在下一年度扶贫资金分配中给予倾斜。

2.促进金融机构主动服务

为破解贫困户在产业发展、就学等家庭发展中的资金不足问题，通过建立信用担保、政府贴息、风险补偿等制度，为金融机构加大金融服务脱贫攻坚提供制度支持。

开展信用担保。加强贫困地区金融服务基础设施和信用乡（镇）、信用农户建设，为小额信贷扶贫提供基础性支持。同时，在贫困县，成立信用担保公司，为贫困户申请小额信用贷款提供信用担保，加大创业担保贷款、助学贷款、妇女小额贷款、康复扶贫贷款实施力度，促进贫困户产业发展。

实施政府贴息政策。农村信用社、村镇银行等金融机构提高为贫困户提供免抵押、免担保扶贫小额信贷力度。建立政府金融扶贫贴息制度，按基础利率实施贴息。

实施风险补偿。通过设立风险补偿金，建立风险补偿制度，加大对金融支持脱贫攻坚的扶持，大幅增加扶贫贷款规模，进一步提高对贫困地区和贫困人口金融服务水平。州（市）、县（市、区）共设立扶贫小额信贷风险补偿金16.5亿元。

争取国家金融政策。争取中央扶贫再贷款额度，实行比支农再贷款更优惠的利率，用于贫困地区发展特色产业和贫困人口就业创业扶持。通过争取国家开发银行、中国农业发展银行按照微利或保本原则发放的长期贷款和中央财政贴息，专项用于易地扶贫搬迁。协调中国农业发展银行云南省分行、邮政储蓄银行云南省分行、云南省农村信用社等金融机构延伸服务网络，创新金融产品，增加贫困地区信贷投放。

2019 年末，新增扶贫小额信贷 109 亿元，金融精准扶贫贷款余额 2976 亿元。2015 年以来，累计使用扶贫再贷款 274.1 亿元，累计发放金融精准扶贫贷款 4817.48 亿元。其中，累计发放产业扶贫贷款 1694.8 亿元，支持和服务建档立卡贫困人口约 222.61 万人次。

3. 鼓励社会资金普遍参与

社会资金是政府资金、金融资金之外重要的力量。通过鼓励和引导社会资金参与脱贫攻坚，加强上海、广东对口帮扶资金、中央国家机关和企事业单位、省内机关事业单位、企业等资金整合利用，发挥社会资金在脱贫攻坚中的积极作用。

整合使用社会资金。有效整合上海、广东对口帮扶资金、中央国家机关帮扶资金、省内州市间结对帮扶资金、企业对口帮扶资金，以及单位、个人挂钩扶贫等帮扶资金，用于脱贫攻坚，形成资金投入合力。

积极拓展资金渠道。设立总规模 1000 亿元的云南浦发扶贫投资发展基金，支持 11 个州（市）贫困乡村改善基础设施、基本公共服务。争取中央财政转移支付、中央预算内投资和中央集中彩票公益金加大对云南脱贫攻坚的支持力度。推广政府与社会资本合作、政府购买服务等模式，支持扶贫项目建设。财政资金支持贫困村的微小型建设项目，允许按照"一事一议"方式直接委托村级组织自建自管。

2015—2019 年，东西部扶贫协作、中央定点帮扶和其他社会机构投入云南省脱贫攻坚资金达 344.5 亿元。其中，东西部扶贫协作累计投入帮扶资金 91.6 亿元，中央国家机关、事业单位和企业集团帮扶资金累计投入 69.9 亿元，其他社会机构累计投入帮扶资金 183 亿元。

脱贫攻坚战以来，中央投入云南的财政专项扶贫资金增幅和总量均居全国第一，中央部委倾力支持，兄弟省市真情帮扶，民主党派既督又帮，社会力量广泛参与，各级干部拼搏奋战，大扶贫格局得到全面落实，中国特色社会主义制度优势得到充分彰显。

（五）巩固社会帮扶体系

社会扶贫是脱贫攻坚大扶贫格局的重要组成部分，是脱贫攻坚的重要推动力量。坚持充分发挥政府和社会两方面作用，构建专项扶贫、行业扶贫、社会扶贫互为补充的大扶贫格局，调动各方面积极性，引领市场、社会协同发力，形成全社会广泛参与脱贫攻坚格局。

1.做实东西部对口帮扶

对口帮扶是党中央、国务院从实现东西部协调发展，加快西部地区脱贫致富角度作出的重大战略部署。加强与上海市、广东省的沟通协调，在提高对云南的扶贫资金投入基础上，重点开展教育、医疗、人才等领域的对口帮扶，并积极开展经济发展合作。

深入推进教育对口帮扶。全面推动上海、广东职业院校与云南职业院校协作全覆盖，实施云南"两后生"中职招生兜底行动。引导和推进东部地区学校对口帮扶云南贫困地区学校。

扎实推进医疗对口支援。全面建立东部三甲医院对口支援云南贫困县县级医院制度。上海、广东两地三甲医院通过医务人员互派、远程诊疗等方式，提高对口贫困县县医院、中医院医疗服务水平、服务能力，为广大群众提供优质医疗服务。

加大人才支持力度。从上海、广东两地选派优秀干部到贫困县挂职，指导脱贫攻坚工作；选派优秀教师到贫困县支教，充实师资力量。通过选派挂职干部、教师，对云南脱贫攻坚提供人才支持。

进行广泛经济发展合作。充分利用东西部协作机制，以资源优势互补为路径，以市场为纽带，以共建产业园区、共推跨境经济合作区为平台，全方位开展经济合作，带动云南脱贫奔小康和经济社会高质量发展。

截至 2020 年 3 月，上海、广东扶贫协作累计到位资金 93.11 亿元（上海市 72.8 亿元、广东省 20.31 亿元），上海援滇干部从 14 名增加到 152 名，广东援滇干部从 19 名增加到 108 名，两省市选派 2547 名专业技术人才赴滇帮扶，接受云南挂职干部 1085 名、专业技术人才 3362 名，帮助贫困劳动力就地就近就业 23.3 万人次，吸纳贫困劳动力转移就业 10.3 万人次。465 家上海企业在滇投资，到位资金 209.4 亿元，带动贫困人口 6.6 万人；460 家广东企业在滇投资，到位资金 35.32 亿元，带动贫困人口 14.1 万人。共建沪滇产业园区 3 个，入驻企业 11 家；粤滇产业园区 7 个，入驻企业 16 家。组织 241 家医院与云南 241 家卫生医疗机构结对帮扶，310 所东部学校与 315 所贫困县学校结对结对帮扶，1993 家企业与 2500 个贫困村、208 家社会组织与 205 个贫困村结对帮扶。

2. 抓实中央定点帮扶

定点帮扶是中国特色扶贫措施的重要内容。由特定的机关、企业、事业单位，定点帮扶特定的贫困县、贫困村。云南十分重视定点帮扶工作，通过与中央国家机关、企事业单位、大型企业集团的沟通协调，制定企业帮扶办法等，深入推进定点帮扶。协调 53 家中央国家机关和企事业单位给予资金、人才支持。选派优秀干部到贫困县挂职，投入资金整合用于贫困县的脱贫攻坚工作。

协调动员三峡集团、华能集团、大唐集团、云南中烟工业公司、云南烟草专卖局（公司）等 5 家企业集团集中帮扶布朗族、阿昌族、怒族、普米族、景颇族、拉祜族、佤族、傈僳族等"直过民族"和人口较少民族，借助企业集团资源，拓宽教育帮扶、劳动力转移就业方面的合作，促进贫困地区教育发展，劳动力转移就业。

3.落实省内挂包帮扶

建立云南省内各级党委政府机关部门和企事业单位、干部职工挂包帮扶制度，加强挂包帮扶管理，强化贫困村组织建设和人才支持，促进贫困地区脱贫致富。

结成挂包帮扶对子。挂包帮扶，建立对子是第一步。通过17896个党政机关和企事业单位、63.4万名干部职工挂帮贫困村、贫困户，选派驻村扶贫工作队员，组建驻村扶贫工作队，实现"挂包帮扶"全覆盖。

加强挂包帮扶管理。挂包帮扶，规范管理是保障。实施定期走访联系制度，开展党组织结对共建活动，加强挂包单位对挂包村庄的全面支持。从严抓实驻村工作队管理，建立严格的驻村考勤制度，开展驻村工作队尤其是第一书记履职情况检查，对驻村工作队员开展培训，提高驻村帮扶能力。

制定《"万企帮万村"精准扶贫行动方案》，鼓励由省内非公有制企业和社会组织党工委牵头，组织非公企业与贫困村开展签约结对、村企共建，实施定点帮扶，遵循市场对资源配置的决定性作用，促进资源配置科学有效。

（六）强化社会动员体系

社会动员体系是让社会帮扶真正运转起来的组织保障。"扶贫开发是全党全社会的共同责任。"[1]"脱贫攻坚，各方参与是合力。"[2] 积极

---

[1] 中共中央党史和文献研究院：《习近平扶贫论述摘编》，中央文献出版社2018年版，第99页。

[2] 中共中央党史和文献研究院：《习近平扶贫论述摘编》，中央文献出版社2018年版，第107页。

构建专项扶贫、行业扶贫、社会扶贫三大扶贫协同推进的大扶贫格局，就要注重社会动员体系建设，建立党政军支持制度，引导工青妇、企事业单位广泛参与，强化社会各界组织动员能力。

1. 党政军大力支持

脱贫攻坚是全社会的共同责任。党政军是中流砥柱，各系统将脱贫攻坚责任转化为行动力量，积极动员系统内部人才、资源、技术等力量投入到脱贫攻坚中，建立健全人事管理和工作经费保障制度，为系统内人员参与脱贫攻坚提供支持。

党政系统按照选最好的人，打最硬的仗的基本要求，动员系统内优秀人才到贫困县、贫困乡、贫困村挂职，加大脱贫攻坚人才支持力度。军队系统从自身优势出发，加强军地合作，联合退役军人事务管理部门，加大对贫困退役军人的帮扶。同时，积极参与驻地附近环境卫生、救灾抢险等工作。

2. 工青妇积极加入

"工青妇"是社会的中坚力量。"工青妇"与扶贫部门联合，及时出台政策号召系统内的人才、资源参与脱贫攻坚。

工会组织积极动员广大干部职工捐款捐物，支持脱贫攻坚。关心关爱挂职干部职工，经常性开展交心谈话。维护外出务工人员合法权益，助力劳动力转移就业。共青团组织积极号召青年投身脱贫攻坚事业，对表现突出的扶贫工作者给予表彰和奖励。妇女组织积极协调，制定出台特殊扶持政策，加强对贫困家庭妇女的关心关爱。

3. 企事业单位参与

企事业单位是社会发展的重要推动力量。脱贫攻坚启动后，许多企业、事业单位严格按照中央和省级安排，积极参与脱贫攻坚。

省属企业积极动员优秀职工到贫困县、贫困乡、贫困村挂职；投入资金帮助挂钩县发展产业，开展基础设施建设。工商业界联合会联合扶贫部门，号召和动员企业参与"万企帮万村"行动，促进贫困村产业发展。事业单位也通过加大人才、资金支持力度，促进挂钩联系贫困县、贫困乡、贫困村脱贫攻坚工作落实落地。

（七）筑牢监督检查体系

完善的监督体系时刻查看着脱贫攻坚的进度，检视着各个系统是否正常有序。建立起以纪检、监察、督查巡查、社会监督为核心的监督体系，确保脱贫攻坚各项工作扎实推进，防止权力滥用，防止资金和资源浪费。

1. 完善监督监察机制

健全完善各项监督制度。为规范脱贫攻坚领域的监督执纪问责，2015年以来，云南省纪委、省监委分年度牵头制定《关于开展全省脱贫攻坚专项纪律检查工作的方案》《关于在全省深入开展扶贫领域腐败和作风问题专项治理的工作方案》《扶贫领域腐败和作风问题专项治理工作方案（2018—2020）》《关于整治扶贫领域形式主义官僚主义突出问题的工作意见》《关于在打赢精准脱贫攻坚战中深化腐败和作风问题专项治理的工作方案》《关于切实加强2020年扶贫领域腐败和作风问题专项治理的工作意见》，突出不同阶段工作重点，以制度形式规范扶贫领域监督执纪问责工作，为脱贫攻坚提供坚强有力的纪律保障。

畅通工作运行机制。建立扶贫领域监督执纪问责"受理、移交、处置、问责追责、通报曝光"五项工作机制，通过扶贫领域监督执纪问责工作报表系统，按照一月一通报、一季一分析、半年一总结的要求，对问题线索进行综合性动态管理。对共性、个性问题及原因进行分析，提出工作建议并通报各级纪检监察机关。建立直查直办制度，对性质恶劣、情节严重、较为典型的腐败和作风问题，由上一级纪检监察机关直接立案审查。对涉及县级党政主要领导及四套班子的案件，欺上瞒下、作风漂浮、欺骗群众、做假账、报假数、假扶贫的典型案件，基层纪委已经了结但信访举报依然不断甚至发生群体性上访的，由省级纪委监委直接查办。充分运用"云南扶贫通"社会和贫困群众监督平台，有效衔接脱贫攻坚五级联运监督机制，拓宽监督渠道，强化社会监督。

创新监督工作方式。采取"监督室＋派驻机构"捆绑式工作方法，形成监督合力，督促脱贫攻坚职能部门切实履行责任。加大对扶贫领域问题线索的综合分析和排查力度，注重从基层发生的问题中，深挖细查省直部门履行责任不力问题。加强对职能部门履行脱贫攻坚政治责任落实不力问题线索的提级办理、直查直办和重点督办，对工作开展不力的部门及时发出工作提示预警。对扶贫领域发生的系统性、典型性问题，运用纪检监察建议书，督促脱贫攻坚职能部门建章立制、堵塞漏洞。深化派驻机构改革，切实发挥派驻机构的"控头"作用，提高发现问题的能力，督促驻在部门党组织履行脱贫攻坚政治责任。

压实监督工作责任。从2017年起，把州（市）、省直部门党委（党组）和领导班子成员贯彻党中央、国务院和省委、省政府关于脱贫攻坚决策部署情况，纳入年度党风廉政建设责任制检查考核，督促党组织履行脱贫攻坚的主体责任、监督责任和帮扶责任。2018年以来，坚持一年两例会制度，每年召开2次贫困县纪委书记工作例会，开展技能培训和经验交流，通报突出问题，部署工作任务，压实工作责任。创新实践扶贫领域监督执纪问责工作"红白榜"，兼顾监督执纪问责工作量、工作质量和工作效果，持续优化提升指标体系和评分标准，按年度通报88个贫困县执纪问责工作排名排序升降情况，督促做好执纪问责工作。

常态化开展工作督导。持续开展"常态化、近距离、可视化、规范化"精准监督。2016年，云南省纪委会同相关部门组成七个检查组，对10个省级责任部门、16个州（市）、24个县（市、区）脱贫攻坚执行纪律情况进行专项检查。2017年，督促16个州（市）、县（市、区）、乡（镇、街道）纪委加强扶贫领域监督执纪问责工作。2018年，对昆明、昭通、曲靖、大理、楚雄、红河等州（市）进行贫困户随机走访，专题调研督导，督促把作风建设作为脱贫攻坚重点落到实处。2019年，以中央脱贫攻坚专项巡视整改情况为主要内容，分赴省级各部门、州（市）、县（市、区）实地开展重点抽查，确保巡视反馈问题得到全面整改。2020年，通过不打招呼、直插一线、到村到户的方式，对未申请摘帽和剩余贫困人口超过5000人的11个县（市、区）、11个省级脱贫攻坚主责部门进行倒推印证，顺着问题刨根源、从下向上发现问题、以上率下找准问题。

2. 健全巡视巡察制度

巡视巡察像一把流动的利剑，高悬于腐败和不作为的头顶之上，时刻准备斩向伸向脱贫资源的黑手。依托省、州（市）、县（市、区）三级巡察机构，认真开展常态化巡视巡察和专项巡视巡察。

开展常态化巡视巡察。全面实施以年度为基础的常态化巡视巡察制度，每年定期对涉及扶贫的单位、州（市）党委政府、贫困县党委政府开展常态化巡视巡察，加强扶贫工作巡视巡察。

进行专项巡视巡察。根据脱贫攻坚推进情况，组建专项巡视巡察组，对重点工作进行专项巡视巡察，及时发现工作推进中的问题及短板弱项，迅速加以纠正、整改，严查问题，加强问题整治和处置。

3. 全面开展审计审查

审计制度是一种对项目资金使用情况合理性及效率进行评估的经

济手段。云南在脱贫攻坚工作中全面建立专项审计和常规审计相结合的审计制度，强化扶贫资金使用监管，提高扶贫资金使用效率和效益。

经常进行常规审计。全面实施年度审计制度，加强对扶贫项目、扶贫资金使用情况的审计，发现项目资金使用滞后、违规使用等线索，随同审计报告一并移交纪检监察机关。

随机开展专项审计。加强对重大扶贫工程及项目的专项审计，发现重大工程及项目资金使用滞后、违规使用等线索，随同审计报告一并移交纪检监察机关。

4.发挥社会监督作用

社会监督是发挥千万社会成员的监督职能，对事关切身利益的扶贫项目实施及扶贫资金使用情况进行审查，确保项目实施不偏离、政策执行不走样的一个重要措施。落实扶贫项目、扶贫资金公示公告制度，发挥社会监督职能。

落实项目公示公告制度。全面落实扶贫项目、扶贫资金使用公示公告制度，扶贫项目在哪实施，涉及哪些群众利益，项目和资金使用就公示到哪，全面接受群众和社会的监督。

拓展社会监督方式。注重现代信息技术的应用，把项目、资金公示公告放到互联网；开发阳光扶贫APP，对群众反映强烈，新闻媒体曝光等发现的线索，进行及时处理。

5.开展督查巡查工作

脱贫攻坚专项督查巡查，是促进各级党委政府年度脱贫攻坚任务落实，推动目标实现的重要保证。建立健全督查巡查制度，统筹推进；同时，扎实做好民主党派监督工作。

认真做好脱贫攻坚督查巡查工作。2016年8月，制定实施《脱贫攻坚督查巡查工作实施办法》，对督查巡查的重点、方式方法、内容、程序等进行规范。云南省扶贫开发领导小组每年组织开展一次脱贫攻坚督查检查，对年度扶贫开发工作成效考核综合评价好、较好的州（市）和一般的州（市）分别开展督查、巡查工作。通过采取召开座谈会、个别访谈、查阅档案资料、入户走访、暗访抽查和受理举报的方式进行。采取随机抽样的办法，到州（市）随机抽县，到县随机抽乡，到乡随机抽村，到村随机抽户。通过以点带面、以下看上的方式，检查州（市）、县（市、区）、乡（镇）、村脱贫攻坚责任、政策、工作落实等方面的情况。扶贫开发领导小组办公室反馈督查巡查情况和提出发现问题的整改工作要求。强化结果运用，明确实施问责、纪律处理、组织处理的责任单位。

扎实做好民主党派对口民主监督工作。贯彻落实中共中央统战部、国务院扶贫办《关于支持各民主党派中央开展脱贫攻坚民主监督工作的实施方案》，自觉接受脱贫攻坚民主监督。各民主党派围绕云南脱贫攻坚工作深入考察调研查找脱贫攻坚工作面临的困难问题，坦诚提出监督意见，共同会商解决办法，重点在健康扶贫、生态扶贫等方面予以帮扶。

（八）用好考核评估体系

考核评估是全面检验脱贫攻坚工作成效、推动责任落实、发现和解决问题的最有效武器。建立完善的考核评估体系，充分发挥"指挥棒"作用，确保脱贫攻坚成效经得起历史和人民检验。

1.建立健全考核制度

完善顶层设计，建立健全考核制度。2016年6月，制定实施《云南省州市党委和政府扶贫开发工作成效考核实施办法》；2017年1月，出台《贫困县党政领导班子和领导干部经济社会发展实绩考核办法》，针对主要目标任务设置考核指标，规范考核方式和程序，注重考核脱贫攻坚的工作成效。聚焦"两不愁三保障"脱贫标准，完善贫困退出机制，明确考核评价标准，2016年6月制定《云南省贫困退出机制实施方案》；2019年4月印发《关于进一步完善贫困退出机制的通知》，完善贫困户脱贫、贫困村出列、贫困县摘帽的标准及退出程序。

坚持一年一考一方案，做到常考常新。根据脱贫攻坚各阶段的形势任务、工作重点，科学调整考核内容，分类设置考核指标。贫困县主要从脱贫攻坚"三落实""三保障""三精准"3个方面进行考核，非贫困县主要从责任落实、政策落实、工作落实3个方面进行考核；摘帽县主要从摘帽不摘责任、摘帽不摘政策、摘帽不摘帮扶、摘帽不摘监管4个方面进行考核。

2.创新考核方式方法

采取"四个结合"①考核评价方式。抓好"考前"分析研判数据、"考中"注重质量监管、"考后"认真分析总结三个环节，做到"县县有报告、有清单"，全面理清成绩、亮点、突出问题和短板。坚持两项正向激励举措，对考核结果综合评价"好"的州（市）、县（市、区）予以表扬，并在财政专项扶贫资金分配上给予奖励；考核评价结果报送云南省委组织部，作为对州（市）、县（市、区）党委、政府主要负责同志和领导班子综合考核评价的重要依据。

组织贫困县退出第三方评估。从2016年开始，引入第三方评估，委托第三方评估机构对贫困县脱贫攻坚推进情况、成效进行独立评价。建立独立评估、质量管控、问题沟通、责任追究四项机制，探索和实践第三方评估贫困县退出前，开展省级前置核查的工作机制，确

---

① "四个结合"：年终考核与平时掌握情况相结合、定量分析与定性评价相结合、横向比较与纵向比较相结合、第三方数据与部门数据相结合。

保贫困县顺利退出。坚持评价标准，严格执行户、村、县退出标准；严格遵守"县级申请、州市审核、省级核查和实地评估检查、公示审定、批准退出"的程序。采取"培训＋考试"方式择优抽选调查人员，组建政治可靠、素质过硬的评估团队；强化防范干扰评估措施，对于干扰严重的停止评估，确保评估结果的客观真实。坚持聚焦重点难点，样本抽查按照"点面兼顾、关注死角""聚焦短板、分层抽样"原则，结合大数据平台数据异常、贫困发生率高的贫困村进行抽样，提高对盲区死角的覆盖面。

3. 严肃对待考核结果

充分运用考核结果，强化责任追究。坚持问题通报制度，考核评估总体情况以正式行文进行通报，州（市）存在问题通过云南省扶贫开发领导小组文件一对一通报。坚持约谈问责制度，对于政策、责任、工作落实有差距和考核发现问题突出，具有典型性和代表性的，约谈州（市）、县（市、区）党政主要领导，纳入党政领导班子年度考核，并扣减专项财政扶贫资金，涉及违纪违法的移交纪检监察机关处置。

落实问题整改制度，抓实问题整改。紧盯存在问题，严格对照第三方评估发现的问题和整改要求，认真制定整改措施、压实整改责任、明确整改时限，确保全面完成各项整改任务。对整改不力或完不成整改任务的，约谈党政主要负责人，情节严重的，严厉问责相关责任单位和责任人。

健全的制度体系，为打赢脱贫攻坚战提供坚强的政策保障、制度保障、组织保障和资金保障，提高脱贫攻坚的凝聚力、执行力、战斗力。在制度体系完善基础上，紧扣脱贫攻坚目标任务，抓好工作落实，扎实推进脱贫攻坚各项工作。

三、紧扣目标任务，倒逼工作落实

2020 年稳定实现现行标准下农村贫困人口脱贫是党中央、国务院确定的脱贫攻坚目标，也是对全国人民的庄严承诺。云南咬定目标不放，细化攻坚任务，加强脱贫目标管理，倒逼工作落实。

（一）建立倒逼机制

2020 年是完成脱贫攻坚任务的最后时限。这是死任务，硬性要求。紧盯最后时限，及时明确脱贫攻坚目标任务和时间表，倒排工期，有序推进各项工作。

1. 厘清脱贫目标时序

明确总体目标和年度目标。2015 年底，面对贫困面广、贫困程度深的客观现实，把现行标准下 471 万建档立卡贫困人口实现脱贫，贫困村基本出列确定为脱贫攻坚的总体目标。把年均脱贫 100 万人以上，按年度计划实现相应数量贫困县摘帽作为年度目标。细化分解任务，制定科学合理的攻坚计划，以实现总目标为导向，统筹推进年度目标的实现。

细化年度目标任务。从 2016 年开始，有序推进贫困人口、贫困村和贫困县退出。其中：2016 年退出 120 万人、退出 1253 个村、退出 12 个县；2017 年退出 120 万人、退出 1100 个村、退出 29 个县；2018 年退出 120 万人、退出 1100 个村、退出 30 个县；2019 年退出

111万人、退出824个村、退出17个县①。截至2019年底，云南8502个贫困村出列8073个，88个贫困县有79个脱贫摘帽。2020年，剩下的44.2万贫困人口也如期实现脱贫、429个贫困村出列、9个贫困县摘帽。

确定重点工程时间表。明确易地扶贫搬迁年度目标，云南用3年时间，完成30万户、100万人搬迁任务②，其中的65万贫困人口，2016年完成30万人、2017年完成20万人易地扶贫搬迁，2018年完成15万贫困人口易地扶贫搬迁计划。

细化交通基础设施建设目标。"若要富，先修路"，云南高度重视贫困村交通基础设施建设，明确到2017年底要实现所有建制村道路硬化，有序推进"直过民族"及沿边地区20户以上自然村通公路，确保贫困地区县乡道路安全隐患治理率基本达到100%。

明确饮水和农田水利建设目标。农田水利设施落后是致贫的主要原因之一，人畜饮水困难影响贫困村的发展。明确到2020年，农村自来水普及率达80%以上，农村饮用水集中式供水人口比例达85%以上，新增农田有效灌溉500万亩，发展高效节水灌溉500万亩。

分解网络建设及相关扶贫目标。通过构建"互联网＋扶贫"网络体系，实施"宽带乡村"工程，到2020年底完成到村级宽带基础

---

① 当年，全省有476个贫困乡（镇），贫困乡镇中的贫困村未单独列出。任务分解按照4277个贫困村来细化，也就是说，4277个贫困村是非贫困乡镇中的贫困村。2017年后，贫困退出以贫困县、贫困村、贫困户为单位。全省有贫困村8502个。

② 2018年动态调整之前，国家核定云南的易地扶贫搬迁贫困人口为65万人，另外涉及同步搬迁户35万人。2018年，动态调整后，云南易地扶贫搬迁建档立卡人口规模由原65万人调整为99.5万人，新增34.5万人。2019年，根据动态调整结果及实际搬迁情况，云南易地扶贫搬迁贫困人口规模达到99.6万人。加上同步搬迁户50万人，累计搬迁150万人。

设施建设，完善电信普遍服务补偿机制，并将贫困户、村、乡、县四级数据嵌入云平台。

确定电力设施建设及改造目标。明确到 2020 年，农村地区供电可靠率不低于 99.72%，综合电压合格率不低于 97% 的基本目标。

2. 倒排脱贫攻坚进度

在细化、分解脱贫攻坚目标任务的基础上，有关单位超前部署目标任务、倒排项目工期、建立工作倒逼机制，确保目标任务如期完成。

尽早安排目标任务。根据脱贫攻坚总目标、年度目标，以及各项具体工作的年度目标要求，按照尽早扶持、尽早实施项目的理念，倒排目标任务，尽量把脱贫目标任务往前放。

建立工作倒逼机制。各县（市、区）将省、州（市）下达的年度脱贫目标转变为脱贫攻坚任务，建立目标倒逼机制，细化分解到不同的部门，并建立脱贫目标与责任捆绑制度，确保脱贫攻坚工作有序进行。

3. 严控具体项目工期

根据项目实施要求，多方协调，确保项目能够如期启动。根据工期要求，倒排项目施工期，聚焦易地扶贫搬迁、交通基础设施等项目施工管理，确保项目按时按质完成。

通过建立科学合理的年度目标、重大项目推进目标，强化目标管理与责任落实的有机结合，倒逼工作落实，为脱贫攻坚任务逐一落实提供了支撑。

（二）精准排兵布阵

在理清脱贫时序，细化分解脱贫目标任务的基础上，通过选准脱贫攻坚路径，精心排兵布阵，统筹推进脱贫攻坚。

1. 选准脱贫路径

因地制宜，坚持从省情实际出发，重点推进"63686"行动计划，实施精准扶贫精准脱贫，促进贫困地区跨越式发展。

重点推进"63686"行动计划。在2015年至2020年的6年间，紧扣脱贫、摘帽、增收3个主要目标，聚焦集中连片特困地区等重点区域，瞄准建档立卡贫困对象，实施产业扶持、安居建设、基础设施、基本公共服务社会保障、能力素质提升、金融支持6个到村到户帮扶举措。实施基础设施改善、特色产业培育、劳动力培训转移就业、移民新村建设、社会保障和社会事业发展、整乡整村整体推进、人口较少民族整族帮扶、生态建设8大工程。健全投入增长、项目资金整合使用管理、"三位一体"大扶贫、考核退出激励约束、"挂包帮"驻村帮扶、信息化动态管理6项体制机制。协调推进"五个一批"工程，打好"十大攻坚战"。

推进精准扶贫精准脱贫。通过发展生产、转移就业、易地搬迁、生态保护、发展教育、加强医疗保险和医疗救助、资产收益、最低生活保障八个方面的举措促进群众脱贫。协同推进增收、住房改善、发展能力提高、思想观念转变，以及生产、生活环境改善方面的措施。探索资产收益扶贫、光伏扶贫、电商扶贫等新扶贫方式。

推进贫困地区跨越式发展。实施贫困地区交通、水利、互联网建设项目，改善基础设施条件。实施能源建设、公共服务体系建设、危房改造和美丽宜居乡村建设等项目，改善贫困地区生产生活条件。实施整乡整村扶贫，人口较少民族整族帮扶，革命老区建设，兴边富民行动等重大项目，推进贫困地区跨越发展。

强化脱贫攻坚配套支持。通过加大财政扶贫投入、金融扶贫、行业扶贫支持、社会力量参与扶贫、科技人才支持、"挂包帮"和驻村扶贫工作等方面的力度，为脱贫攻坚提供强有力的支持。

2.挑好战斗人员

按照"尽锐出战"要求，精选能力素质过硬的人担任各级领导干部，及时撤换不称职领导干部，把最优秀的干部选配到脱贫攻坚一线，推动精锐部队向贫困地区集结。指导和帮助各级干部认真学习习近平总书记关于扶贫工作的重要论述和党中央关于扶贫工作的一系列决策部署，解决干部层面的精神贫困问题。抓实思想作风建设，激励广大干部在脱贫攻坚主战场比责任担当、比干事能力、比精神状态、比工作业绩、比脱贫成效。重视能力提升，通过举办各级各类脱贫攻坚培训班，提高党政领导干部、部门行业干部、扶贫系统干部、帮扶干部、贫困村干部战贫能力。

树立重担当、重实干、重实绩的鲜明用人导向，注重在一线锻炼和使用干部，对表现突出的干部职工，优先提拔使用。2016 年至 2020 年上半年，共提拔了 27 名脱贫攻坚实绩突出的贫困县党政正职和 130 名贫困乡镇党政正职并继续兼任现职。

3.实施挂图作战

依据脱贫目标任务，将脱贫目标任务、扶贫进度、责任人等信息在一张图纸上呈现出来。根据脱贫攻坚"一张图"，下好攻坚战"一盘棋"，按图作战。

通过精选参战人员，实施挂图作战的管理方式，让最能打的人去最适合的岗位，发挥踏实肯干的过硬作风，为打赢脱贫攻坚战提供保障。

（三）锻造最硬作风

求真务实的作风是党领导人民各项事业取得成功的法宝。广大党员和干部职工将求真务实的工作作风用到脱贫攻坚中，持续开展作风建设主题年活动，加强作风建设。

1.发挥优良作风

脱贫攻坚是检验干部作风的考场，更是锻炼干部作风的熔炉。自脱贫攻坚战打响以来，广大党员和干部职工发挥优良作风，久久为功，做细做实每项工作。

各级领导干部充分发挥吃苦在先，苦干实干亲自干，服务群众、造富群众的人民公仆精神；以钉钉子精神全面做细做实"六个精准"；迎难而上敢担当，攻坚拔寨啃"硬骨头"；甘于奉献，不畏牺牲。

发挥优良的作风，才能如期打赢脱贫攻坚战。但党领导人民开展社会主义建设的历史经验也表明，只有不断加强作风整顿，才能确保优良作风长期保持下去。

2.加强作风建设

坚持脱贫攻坚与锤炼作风、锻炼队伍相统一，深入推进阳光扶贫，持续开展作风建设主题活动。2018年，开展脱贫攻坚作风建设年活动。2019年，推进五级书记遍访贫困对象行动，落实看真贫、扶真贫、真扶贫，扎实推动脱贫攻坚责任、政策、工作落实。

履职尽责不懈怠。把履行脱贫攻坚责任作为党员合格、干部称职的重要标准。积极开展"脱贫先锋行动"，使广大党员干部切实增强紧迫感和使命感，统一思想、明确方向、上下齐心，集中精力抓扶贫。

加强问题整改。加强形式主义、畏难情绪和急躁症等作风不实问题的整改落实。督促党员干部拿出钉钉子的精神和一针一线的"绣花"功夫，实实在在带领群众发展。加大对贯彻中央和云南省委、省政府脱贫攻坚决策部署执行情况、各单位脱贫攻坚责任压实情况、精准扶贫各环节落实情况、脱贫攻坚相关政策执行情况方面问题的排查整治力度，确保各项工作推进有力。

3.强化作风整治

以作风攻坚促进脱贫攻坚。按照脱贫攻坚工作推进到哪里，全面从严治党就覆盖到哪里，监督执纪问责就跟到哪里的步调，深入推进扶贫领域腐败和作风问题专项治理。加大对党委、政府履行脱贫攻坚主体责任情况的监督检查力度，紧盯扶贫工作中无视党的政治纪律和政治规矩问题，坚决同"上有政策、下有对策"行为作斗争。

精准监督执纪问责。对乡村干部、驻村干部一般性工作失误，以提示提醒、批评教育为主，并帮助整改和解决问题；对扶贫工作不实、作风漂浮，考核验收中的数字脱贫、虚假脱贫，"四不摘"政策落实不力的坚决问责；对各级脱贫攻坚主责部门存在的形式主义、官僚主义问题加大问责力度，严肃查处"只督不战"的问题；对敢向惠农资金、扶贫资金动歪脑筋伸黑手的坚决严肃查处。

加强同级警示教育。把2018年7月以来查处的副处级以上干部扶贫领域违纪违法典型案例汇编成册，作为开展同级同类干部警示教育的典型教材。督促案件所在州（市）党委用半天时间召开专题民主生活会，案件所在县（市、区）党委、人大、政府、政协领导班子用一天时间召开专题民主生活会，紧密结合当地实际，举一反三。县纪委监委把查处的机关部委办局干部、乡镇一级干部的典型案例，在全县进行通报；对查处的村干部问题，在所在乡镇村一级通报，用身边事警示教育身边人。

脱贫攻坚战是一场事关党和国家百年奋斗目标的重大战役，党中央吹响冲锋号后，云南学深悟透习近平总书记关于扶贫工作重要论述和相关指示精神，提高政治战位，压实责任，把脱贫攻坚当作第一民生工程、头等大事来抓，统一思想，自觉行动。建立完善的制度体系，明确目标任务，加强管理，倒逼各项工作的推进落实。让最擅长打脱贫攻坚战的人打最硬的仗。这些工作，为打好脱贫攻坚战奠定了坚实基础。

第 二 章

打好"十大攻坚战"

"打好脱贫攻坚战，关键是聚焦再聚焦、精准再精准，采取更加集中的支持、更加有力的举措、更加精细的工作，瞄准特定贫困群众精准帮扶。"① 云南坚持精准方略，因地制宜，做实"六个精准"，聚焦深度贫困地区，创新攻坚战法，实施"五个一批"工程，打好"十大攻坚战"，激发贫困群众内生动力，推进党建扶贫双推进，打好脱贫攻坚战。

一、坚持精准方略，做实"六个精准"

"扶贫开发，贵在精准，重在精准，成败之举在于精准。"② 只有认真做实做细"六个精准"，才能做好精准扶贫精准脱贫工作。

---

① 中共中央党史和文献研究院：《习近平扶贫论述摘编》，中央文献出版社 2018 年版，第 81 页。

② 中共中央党史和文献研究院：《习近平扶贫论述摘编》，中央文献出版社 2018 年版，第 58 页。

（一）精准识别贫困对象

"精准识别贫困人口是精准施策的前提，只有扶贫对象清楚了，才能因户施策、因人施策"，[1] 真正做到精准扶贫。云南高度重视贫困人口识别工作，由所在县（市、区）、乡（镇）两级严格把握政策、标准和质量。在基础识别基础上，加强动态管理，多次开展回头看工作，消除漏评、错评问题，实现扶持对象精准。

1. 做好基础识别工作

2013 年，按照农民人均纯收入 2736 元的国家农村扶贫标准，共识别出贫困户 196.2 万户，贫困人口 700.2 万人，贫困乡 476 个，贫困村 4277 个。

2015 年，围绕"两不愁三保障"脱贫目标，再一次进行了贫困人口识别工作。组织动员乡镇干部、驻村工作队员、村干部、村民代表组成工作队，对农村户籍人口进行普查式识别。组织相关行业部门对采集的数据信息进行筛查比对，做到县（市、区）、乡（镇）、村、户的信息数据与各行业部门无缝对接，信息相互印证、吻合。最后才将识别结果录入扶贫系统。

2016 年，通过发动 13.3 万人组成 1.7 万支精准识别工作队，按照"五查五看、三评四定一公示"[2] 要求组织开展建档立卡"回头

---

[1] 中共中央党史和文献研究院：《习近平扶贫论述摘编》，中央文献出版社 2018 年版，第 61 页。

[2] "五查五看"：查收入，看家庭收入稳定性；查住房，看住房安全稳固性；查财产，看贫富程度；查家庭成员结构，看家庭负担；查生产生活条件，看基本生产生活状况。"三评"：内部评议、村（组）党员评议、村（组）民会议评议。"四定"：村委会初定、村民代表议定、乡（镇）审定、县确定。"一公示"：在行政村或村小组公示。

看",新识别 20.9 万户 85.7 万人,剔除因操作不当、政策理解不到位而导致错评的贫困人口 21.6 万户 87.3 万人。

2. 加强已识别户甄别

2017 年 6 月,启动已识别建档立卡贫困户的甄别工作,县(市、区)、乡(镇)两级从政策、标准、质量三个方面统筹推进,重点解决违规纳入、识别不精准、漏评问题,持续做好三方面的工作。

纠正识别不精准问题。认真开展自我纠偏工作,坚持做到建档立卡贫困户中已经实现"两不愁三保障"的正常退出,不符合建档立卡贫困户要求的按程序剔除[①]。

核查核实脱贫返贫人口。加强对已认定为脱贫户的家庭进行核查核实,凡是尚未完全解决"两不愁三保障"的,标注为脱贫返贫人口,落实相关部门、挂钩干部的帮扶责任,继续采取帮扶措施,帮助其实现稳定脱贫。

全面推进应纳应纳。把符合国家扶贫标准的非建档立卡农业户籍农村常住人口纳入建档立卡贫困对象管理。只要人均纯收入低于国家贫困线,且满足实际居住 C 级、D 级危房且自身无力改造;因病致贫,且成员未参加基本医疗保险;家庭适龄成员因贫辍学,或家庭因学致

---

① 不符合建档立卡贫困户要求主要有 10 种情形:家庭成员或户主的父母、配偶、子女为国家公职人员的;有家庭成员任"村三委"干部的(贫困户建档立卡后有家庭成员成为现任"村三委"干部的,不认定为错评,按正常脱贫程序退出);拥有购买价格 3 万元以上机动车的(贫困户建档立卡后购买此类机动车并作为脱贫措施的,不认定为错评,按正常脱贫程序退出);在城镇拥有自建房或购买商品房、门面房以及其他经营用房的;在工商部门注册登记公司、企业并实际开展经营活动的;种植、养殖大户或雇佣他人从事生产经营活动的;享受扶贫支持,故意分户、并户,不符合贫困对象识别条件的;空挂户或为套取扶贫支持将户口迁入村组的空挂人口;死亡人员、服刑人员、失踪人员、与雇主不共享开支或收入的人员;优亲厚友、弄虚作假、徇私舞弊、信息失真以及其他不符合贫困对象识别条件的人员等。

贫；符合低保条件并享受低保政策，但仍符合国家扶贫标准的任一条件，按程序纳入建档立卡贫困对象管理。

3.加强贫困对象动态管理

积极开展年度动态管理。每年根据贫困人口脱贫情况，已脱贫人口返贫情况，以及新增贫困人口情况，对贫困对象进行动态管理，努力做到贫困人口应纳尽纳，应退尽退。

开展动态管理专项行动。2017 年 6 月 13 日至 8 月 15 日期间，共安排 9670 万元专项工作经费，组建动态管理工作队 2.6 万支 32.3 万人，累计走访调查农户 573.7 万户 1857.8 万人，采集、核查、比对、录入到村信息 67.96 万条，到户信息 4812.4 万条。通过分析比对核实，明确了 22 个行业部门数据核查、比对分析任务，先后在县（市、区）、州（市）、省 3 个层面进行数据比对筛查，共录入全国扶贫信息系统建档立卡贫困人口净增 13.4 万户 85.1 万人，剩余贫困人口总量 118 万户 447.6 万人。通过普查式走访，信息采集、核查、比对、录入到村信息和到户信息，确保了不漏一户一人。2019 年，对141.37 万户 571.78 万脱贫人口进行核查核对，标注边缘户 390779 人、脱贫监测户 385937 人。

以年度为基础，加强贫困对象动态管理，积极开展专项动态管理工作，是对新致贫及返贫户及时施策、及时帮扶的基础性工作。只有做到扶持对象精准，扶贫项目、帮扶措施才能精准。

（二）精确安排扶贫项目

"精准扶贫，要建立县级脱贫攻坚项目库，加强项目论证和储备，防止资金闲置和损失浪费。"①主要领导亲自抓项目库建设，建立健全县级项目库，加强项目库管理，严格落实开展公示公告制度，重视项目实施管理，确保项目安排精准。

1.充实建立项目库

脱贫攻坚项目库是依据贫困人口、贫困村致贫原因及发展需求拟定的，将要实施的扶贫项目数据库。2017年底，启动项目库建设，全面充实项目库。贫困县项目库建设任务在2018年第一季度顺利完成。

重视项目库建设。实施县级党政"一把手"为主体责任的项目库建设机制，由党政"一把手"统筹各类资金资源，建立专业化、网格化责任落实机制，做到县乡村的产业、就业、教育、医疗、住房等专人专责。乡级把责任落实到乡（镇）领导、到站所、到人，与年终考核挂钩。村级把目标任务分类分项明确到村干部和驻村工作队员，工作成效与村干部奖惩挂钩，与驻村工作队员考核、问责、召回挂钩。通过建立责任到人的项目库建设机制，为建立健全县级项目库提供了政治保证。

全面充实项目库。以县为单位，将财政专项扶贫资金、整合涉农资金、参照财政专项扶贫资金管理的资金所安排实施的项目，以及其他涉及扶贫到村到户的项目都纳入项目库。项目选择以县级脱贫攻坚规划已有项目库为基础，自下而上和自上而下相结合选择项目。

精准选定脱贫项目。根据贫困户致贫原因和贫困村薄弱环节、内外部资源条件分析，确定因人因户精准帮扶措施，锁定贫困村基础设施和公共服务提升需求，形成贫困户项目需求和贫困村项目清单。同

---

① 中共中央党史和文献研究院：《习近平扶贫论述摘编》，中央文献出版社2018年版，第95页。

时，结合已有的项目规划，将与脱贫攻坚密切相关的项目一并纳入项目库。项目审定后及时录入云南省精准扶贫大数据管理平台。项目库建设完成后，各县根据年度脱贫目标制定项目计划或实施方案，列入计划或实施方案的项目，均从项目库中选择。

完善项目实施方案。配合项目库建设，2018年5月开始，县乡党委政府做实村级脱贫攻坚施工图（实施方案）、乡级路线图（实施方案），完善县级脱贫攻坚项目库。贫困县每年11月底前根据减贫任务和提前下达到县资金额度，从脱贫攻坚项目库中择优选择相关项目，编制下一年度项目计划。按照项目规划，逐步落实和推动项目的实施，促进项目安排精准。

通过项目库建设，进一步理清了脱贫攻坚具体工作方案，各级、各部门紧紧依托项目库，精准推动各项扶贫工作落实落地。通过加强项目实施管理，确保项目实施不走样。

2.精细化管理项目

强化县级自主权，加强项目管理，确保项目精准落实。

强化县级自主权。按照"目标、任务、资金、权责"四到县原则，2017年，建立贫困县对项目库管理负总责的项目库管理制度。

加强项目库管理。凡进入项目库的项目都是经过村申报、乡审核、县审定原则进行筛选过的项目。申报项目主要在贫困户项目需求和贫困村项目清单基础上形成，项目需经过县、乡、村三级公示，公示无异议后方能分类别、分时序入库。项目入库时由项目申报乡制定"路线图"，项目申报村制定"施工图"，并建立贫困户"明白卡"，所有项目都标明完成时间、保障措施及责任人。同时，进入项目库的项目，实行动态管理，根据脱贫攻坚需要，实行有进有出，适时更新制度，成熟一批入库一批。2019年8月开始，推广落实"六定"即资金定到项目、计划定到项目、审批一次定到项目、公示公告定到项目、责任定到项目、督查考核指向定到项目的项目管理方式。

3.透明化开展公示

2017 年开始，启动实施项目公示公告制度，并将扶贫项目与扶贫资金使用公示公告制度有机结合起来，加强群众参与平台建设，实施透明化公示公告。

推行项目公示制度。扶贫项目实行事前公示、事后公告，项目在哪里实施，就要公示公告到哪里。县、乡两级通过政府门户网站、报刊、广播、电视、公示牌（栏）和其他方式来公开项目推进情况。

完善公示方式。按照到户项目公开到组，到组项目公开到村，村级项目在本村范围内公开的要求，在群众便于知晓的地方进行项目的集中公开公示。条件好的地方，通过手机 APP、短信等方式实行公开。跨乡（镇）实施的项目，除在本乡（镇）范围内公开外，在所辖乡（镇）涉及的村公开。在县、乡、村三级公示公告结束后，做好资料的归档工作。

优化公示内容。县级公开资金分配和项目实施方案的主要内容，乡（镇）公开项目资金来源和实施情况。到村项目公开项目名称、实施地点、建设内容、施工单位及责任人、监理单位及责任人、资金构成和投资标准、质量要求等。到户项目公开项目名称、受益对象、资金来源及规模、实施时限和责任人、实施目标及成效，资产收益项目公开投资额、投资对象、期限、受益对象等。

建立群众参与机制。通过一事一议，在项目实施前了解群众意愿、听取群众意见。项目确定后，通过村民会议或其他方式告知群众。项目推进过程中，通过公示公告，将项目实施内容告诉群众。实施参与式扶贫，对一些技术要求低，群众能够参与的项目，吸纳群众参与建设，在完成项目建设的同时，促进群众增收。同时，对一些在村级实施的项目，由村"两委"组织村民代表作为义务监督员进行全过程监督。拓展群众参与渠道，接受群众监督，确保项目实施不偏离造福群众、促进群众脱贫的目标。

（三）精细使用整合资金

脱贫攻坚，提高资金使用效率，确保每一分钱都花在刀刃上。[①] 在不断增加扶贫资金投入的基础上，建立财政涉农资金整合使用制度，创新推出了省级源头整合机制和资金使用方式，加强使用监管，确保资金使用精准。

1. 有效整合资金

探索资金出口整合制度。"精准扶贫，在增加财政投入的同时，要加大扶贫资金整合力度。"[②] 不断探索扶贫资金整合使用机制，提高扶贫资金使用效率。2016 年 8 月，出台和实施贫困县统筹使用财政涉农资金试点方案，把资金使用与建档立卡对象及脱贫措施相衔接，与脱贫成效相挂钩。省级财政专项扶贫资金主要按照因素法进行分配。2016 年 12 月，省级成立贫困县整合财政涉农资金推进协调组，统筹协调解决涉农资金整合工作中遇到的困难和问题，督促指导各州、市人民政府和省直有关部门做好涉农资金统筹整合工作。财政涉农资金重点向深度贫困地区、贫困少数民族地区、贫困边境地区和贫困革命老区倾斜。省级在分配财政涉农资金时，根据当年扶贫开发工作重点适当调整资金分配因素和权重。同时，将财政涉农资金项目审批权限下放到县级。强化县级对财政涉农资金的管理及使用责任，建

---

① 中共中央党史和文献研究院：《习近平扶贫论述摘编》，中央文献出版社 2018 年版，第 94 页。

② 中共中央党史和文献研究院：《习近平扶贫论述摘编》，中央文献出版社 2018 年版，第 90 页。

立任务、目标、资金、权责"四到县"的统筹整合使用制度,提高资金使用精准度和效益。

建立资金源头整合制度。2018年,建立财政涉农资金省级源头整合机制,通过改革分配机制,破解"不能整"难题,采用因素法分配资金,确保分配给贫困县的每一项资金增幅不低于当年该项资金的全省平均增幅;涉农资金以"云财整合"的资金文号切块下达,注明"用于精准扶贫",切断部门项目计划与项目资金的联系,解除统筹整合使用财政涉农资金"条""块"管理枷锁。省级源头整合政策支持贫困县集中财力办大事,真正把有限资金用在刀刃上。2018年下达88个贫困县中央和省级财政涉农资金376.62亿元,其中中央资金298.45亿元,省级资金78.17亿元。2019年,向88个贫困县下达中央和省级统筹整合财政涉农资金达482.5亿元。

2.高效使用资金

完善扶贫资金使用规定,创新资金使用方式,提高资金使用效率和效益

创新资金使用方式。2016年9月,探索建立资产收益与贫困户利益联结机制,拓宽贫困户增收渠道。将部分扶贫资金投向效益高的新型经营主体,按照"资产变股权、农户有股份、农民得权益"的思路,以资产股权为纽带,盘活农村农民资源资产,调动农民专业合作组织、村集体经济组织、扶贫龙头企业等新型经营主体带动支持农户增收致富积极性,建立经营主体生产经营收益与农户增收致富利益联结机制,拓宽缺劳力、缺技术和丧失劳动能力等自主创收能力受限制的农村贫困人口持续稳定的增收渠道,促进贫困户就业,提高资产收益。

推广资产收益扶贫。从2017年开始,利用中央财政专项扶贫资金和其他涉农资金,以及省级、州(市)、县财政专项扶贫资金和其

他涉农资金投入相关项目所形成的资产开展资产收益扶贫，把设施农业、光伏扶贫、乡村旅游扶贫等项目形成的资产用来开展资产收益扶贫，促进贫困村集体经济发展和贫困户脱贫致富。

3. 严格监管资金

加强资金使用问题的查找和整改，推行资金使用公示公告制度，确保资金使用不偏离使用方向，及时使用，加快脱贫攻坚进度。2017年4月，开展脱贫攻坚"找问题、补短板、促攻坚"专项行动，通过查找和整改各类扶贫资金使用管理中存在的问题，包括层层截留、虚报冒领、挥霍浪费、贪占挪用，资金分配和拨付不规范，资金滞留或结转结余较大，重资金争取、轻资金监管，资金使用效益不高等问题，加强扶贫资金使用监管，确保资金使用精准。

建立和落实扶贫资金使用公示公告制度。配合资金定到项目及扶贫项目公示公告制度的推行，自2017年开始，全面推行财政专项扶贫资金公开公示公告制度，将财政专项扶贫资金公示公告纳入地方各级政府信息公开范围，及时向社会公开，接受群众和社会的监督。在项目实施的乡镇、行政村和其他项目实施单位，开展资金规模、来源、用途及项目实施结果公告。按照谁分配、谁公开，谁使用、谁公开，分配到哪里、公开到哪里的原则，分级进行公示公告。公示公告内容包含资金规模、资金来源、受益对象、项目招投标、实施单位、资金支付、资金结算及审计等情况。

用好扶贫资金审计这个有效手段。全面加强对贫困县扶贫资金使用情况的审计，实现贫困县扶贫资金使用审计全覆盖，东西部扶贫协作和集团帮扶等资金专项审计全覆盖，确保项目资金使用高效、精准。仅2018年，就清理2016年至2017年闲置资金32094.32万元，其中督促拨付12464.98万元、加快项目实施13527.28万元、盘活使用闲置扶贫资金6102.06万元。通过不断开展扶贫资金使用问题查找和整改，确保了贫困县扶贫资金使用的精准。而公示公告制度的推行，让资金使用接受社会和受益群众的监督，进一步强化了扶贫资金使用的精准性。

（四）精挑到户帮扶措施

精准扶贫，摸清家底是基础，选准扶持措施是关键。云南创新贫情诊断方法，推广"六清"工作法，确保措施到户精准。

1. 摸清贫困家庭贫情

"扶贫必先识贫，要把贫困人口、贫困程度、致贫原因等搞清楚，以便做到因户施策、因人施策。"[①]2018年5月，启动脱贫措施户户清行动，加强对贫困户致贫原因、发展需求的摸底调查，加强贫情诊断，摸清贫困户家底。

开展大排查活动。通过开展"五级书记遍访贫困户"、驻村工作队摸底排查、挂包联系党员走访、挂包干部走访等方式，对建档立卡贫困人口进行深入调研，摸清建档立卡贫困户主要生产资料、劳动力能力、住房、就医、就学、就业、主导产业等情况。

加强贫情立体分析。通过村"两委"会议、乡镇扶贫工作会议等，细致分析贫困户家庭情况，纠正对贫困户致贫原因认识和分析不准、帮扶措施错位、资金投入和脱贫成效不精准等问题。

2. 实施精准帮扶举措

在摸清贫困户家庭情况、致贫原因的基础上，精准制定帮扶措施，开展帮扶措施回头看，加强帮扶措施的动态管理，不断完善到户

---

① 中共中央党史和文献研究院：《习近平扶贫论述摘编》，中央文献出版社2018年版，第63页。

帮扶措施。

精准制定帮扶措施。2018 年，针对贫困户家庭生产生活条件、发展能力和意愿，本着"取长补短、扶弱补缺"的原则，以村为工作单元，以人、户为工作对象，落实"六清"要求，组织 20 余万名干部，深入到 1220 个乡（镇）、1.2 万个行政村、14.5 万个村小组开展调查，核准主、次要致贫原因 577.5 万条，做实"一户一策"，实现全省建档立卡 189.2 万户 749.4 万人脱贫措施户户清。

积极开展回头看工作。2017 年 4 月，启动和实施帮扶措施不精准问题的查找和整改。2018 年，深入实施脱贫措施"户户清"和脱贫人口"回头看"工作。全面了解贫困户家庭情况，到户帮扶措施情况。2019 年，进一步完善帮扶到户机制，推行"六清""六定"① 经验做法，累计入库项目 15.2 万个，完成项目 13.5 万个，覆盖 98.9%的贫困人口。

开展帮扶措施回头看，对简单发钱发物、帮扶措施简单化、短期化，缺乏针对性和长远考虑方面的问题进行专项整治。倡导能够激发贫困户积极性、主动性的帮扶举措，实施以工代赈，推广参与公益劳动换积分和报酬的扶贫方式等。注重扶贫产业和增收项目的长短结合，确保贫困户长期稳定脱贫。

3. 加强帮扶动态监管

2018 年 5 月以来，不断加强帮扶措施的动态监管。紧扣"两不愁三保障"标准，逐项梳理所有到户到人项目，算清贫困户脱贫分类分年投资账，确定帮扶措施分类分年成效任务目标，准确把握贫困户脱贫进度。加强对贫困户动态发展情况的把握，尤其重视对已脱贫户

---

① "六定"：资金定到项目、计划定到项目、审批一次定到项目、公示公告定到项目、责任定到项目、督查考核指向定到项目的项目管理方式。

返贫情况的监测和跟踪,并根据贫困户动态发展需求,及时完善帮扶措施,提高帮扶精准性。

精准制定帮扶到户措施,开展回头看,加强帮扶措施存在问题的整改,动态把握及优化调整,确保到户措施精准和贫困户如期脱贫。

(五)精选驻村工作队员

打赢脱贫攻坚战,关键在人。根据贫困村的实际情况,精准选派驻村工作人员,尽锐出战,加强驻村工作队员管理,强化对贫困村的人才支持,提高基层战贫能力。

1.选好驻村工作人员

"选派扶贫工作队是加强基层扶贫工作的有效组织措施,要做到每个贫困村都有驻村工作队、每个贫困户都有帮扶责任人。"[1] 结合"挂包帮""转走访"挂钩扶贫、定点扶贫,以及沪滇、粤滇对口扶贫,选好驻村工作人员,确保建档立卡贫困村一村一队、全部覆盖,每个贫困村至少有3—5人的工作队。其中,深度贫困村选派5人,贫困村及已脱贫出列村选派3人。针对昭通市镇雄县深度贫困的特殊情况,增派驻村工作队员,特别选派50名队员到昭通市镇雄县开展驻村工作。

2017年,组织17896个机关企事业单位参与"挂包帮"定点扶贫,59万名干部结对帮扶贫困户,选派驻村扶贫工作队7068支,队员38492名。2018年,选派驻村工作队员3.55万名,其中总队

---

[1] 中共中央党史和文献研究院:《习近平扶贫论述摘编》,中央文献出版社2018年版,第37页。

长、副总队长 187 名，做到 8502 个贫困村一村一队全覆盖。2019 年，向 2385 个深度贫困村、1049 个贫困村、5068 个脱贫出列村选派驻村工作队员。同时，继续向 40 个贫困县和 48 个已脱贫摘帽县选派驻村工作队总队长、副总队长，每个县选派总队长 1 名、副总队长 1—2 名。

选出能力素质出众之人。驻村工作队员主要从省、州（市）、县（市、区）党政机关和企事业单位、中央驻滇单位参与"挂包帮"定点帮扶工作的部门（单位）选派。驻村工作队员选派年龄一般不超过 45 周岁，重点选派政治素质好、工作作风实、综合能力强、健康具备履职条件的干部，同时兼顾年轻优秀干部和有经验干部。严格落实"四个不选派"要求，即素质不高，能力不强的不选派；身体原因不适宜驻村工作的不选派；年满 53 周岁（含 53 岁）以上的不选派；家庭存在特殊困难的不选派。

加强驻村工作队员培训。分级分批组织驻村扶贫工作队员开展全员培训，提高驻村队员在贫困识别、帮扶措施制定、组织动员等全方位的实战能力，提高协助贫困村脱贫致富的能力。仅 2017 年，就分级分批组织驻村扶贫工作队员开展全员培训，累计培训达到 19.3 万人次。通过全员培训，提高驻村队员战贫能力。

2.加强驻村队员管理

在精准选定队员，加强驻村工作队员实战能力培训的基础上，健全管理制度，严肃纪律，完善驻村工作机制，从严加强驻村工作队管理。

健全完善管理制度。2017 年，通过出台《关于严肃驻村扶贫工作队员纪律的通知》《关于进一步加强驻村扶贫工作队员管理的通知》《驻村扶贫工作队员责任清单》，健全和完善驻村工作队员"选派、培训、职责、管理、考核、奖惩、保障"等方面的管理制度，规范驻村工作队驻村管理。

加强驻村管理。依托驻村扶贫管理制度，在贫困县建立驻村工作领导小组，乡镇建立驻村工作协调小组，根据当地实际，制定工作例会、考勤管理、工作报告、纪律约束、分片包组、民主评议等管理制度。省相关部门为工作队员安装"云岭先锋"手机 APP，实施网上动态监管，通过信息网络随机抽查、民意调查等机制，以及每月开展抽查等制度，对不合格的队员进行召回，并进行通报批评。同时，全面落实驻村工作队员工作经费、津贴、健康体检、人身意外伤害保险等相关保障。

3.推进驻村正常轮换

实施两年一换制度。按照脱贫攻坚期内保持驻村工作队相对稳定的原则，按规定推进每两年一次的正常集中轮换工作。集中调整轮换工作前后，个别因身体原因或家庭困难原因确需调整轮换的驻村工作队员，必须按程序进行严格审批，方能进行轮换。因年龄偏大、身体不适、能力不强或因机构改革等原因不宜继续驻村的，经派出单位报同级组织部门审批，进行调整轮换。2019 年 6 月，启动 2017 年及以前选派的驻村工作队员（含总队长、副总队长）的轮换工作，2018 年以来选派的驻村工作队员暂不作调整轮换。

加强个体情况研判。各派出单位，各驻村工作队总队长、副总队长、第一书记（工作队长）负责密切关注驻村工作队员思想动态和家庭情况，及时做好心理疏导工作，遇到特殊情况，及时上报派出机构和县级管理部门，经多方协调后进行妥善处理。

（六）精心考核评估成效

"解决好'如何退'的问题，要加快建立反映客观实际的贫困县、贫困户退出机制，努力做到精准脱贫。"① 细化脱贫标准，建立和完善反映客观实际的贫困县、贫困户退出机制，严把脱贫标准，严格退出程序，严肃考核评估。

1. 细化脱贫出列指标

2016年6月，制定出台《贫困退出机制实施方案》，全面建立针对建档立卡贫困户、贫困村、贫困县的"695"② 脱贫指标体系，对脱贫指标进行细化。2019年4月，对贫困退出标准和程序进行修订，进一步完善和明确贫困户、村、县退出"574"脱贫指标体系。

严格执行贫困户退出5项要求。将农村建档立卡贫困人口脱贫认定标准细化为5个方面的内容及标准，包括贫困户人均纯收入稳定超过国家扶贫标准，达到不愁吃、不愁穿；住房遮风避雨，保证正常使用安全和基本使用功能；义务教育阶段适龄儿童少年无因贫失学辍学；建档立卡贫困人口参加基本医疗保险、大病保险，符合条件的享受医疗救助；水量、水质、取水方便程度和供水保证率达到规定标准。

严格执行贫困村退出7项指标。将建档立卡贫困村有序退出考核细化为7个方面的内容及标准，包括贫困发生率低于3%、建制村到乡镇或县城通硬化路且危险路段有必要的安全防护设施、广播电视信号覆盖率达到99%以上、网络宽带覆盖到村委会、学校和卫生室、

---

① 中共中央党史和文献研究院：《习近平扶贫论述摘编》，中央文献出版社2018年版，第71—72页。

② "695"：贫困户退出六项要求，包括贫困户人均可支配收入达标、有安全稳固住房、适龄青少年就学有保障、基本医疗有保障、社会养老有保障、享受1项以上扶贫政策项目资金帮扶。贫困村退出九项指标，包括贫困发生率低于3%、道路硬化到村、通动力电、通广播电视、通网络宽带、饮水有保障、卫生室建设达标、有公共活动场所、适龄儿童有学上。贫困县摘帽退出五项指标，包括贫困发生率低于3%、农村常住居民人均可支配收入增速高于全省平均水平、贫困村退出、建档立卡贫困户至少享受1项扶贫政策项目资金支持、实现县域义务教育均衡发展和通过国家督导评估。

有标准化卫生室、有公共服务和活动场。

落实贫困县摘帽退出 4 项指标。将贫困县摘帽考核细化为 4 个方面的内容及标准,包括 1 项主要指标和 3 项参考指标。主要指标为综合贫困发生率低于 3%,参考指标为脱贫人口错退率低于 2%、贫困人口漏评率低于 2%、群众认可度达到 90%。

完善脱贫退出考核内容及指标。从 2018 年起,把饮水安全有保障纳入贫困户脱贫退出考核指标,从水量、取水方便程度、水质三个方面进行了明确。水量方面,年均降水量不足 800 毫米的地区,每人每天可用水量不低于 35 升;年均降水量不足 800 毫米的地区,每人每天可用水量不低于 20 升;供水保证率 90% 以上。用水方便程度方面,取水水平距离不超过 800 米、垂直距离不超过 80 米,或人力取水往返时间不超过 20 分钟。水质方面,水体清洁干净,无色无异味无杂质,用水长期饮用无不良反应。

以脱贫指标为标尺,严格按照自我评估、申报、考核、公示、退出等环节开展脱贫考核,使脱贫退出有标可循、有据可依。贫困县退出严格按照县级申请、州(市)审核、省级核查和实地评估检查、公示审定、批准退出,国家抽查等环节进行。

2.严把脱贫退出质量

从严要求,严格按照脱贫标准开展脱贫考核,完善考核方式方法,引入第三方评估机制,确保退出质量。

从严要求退出。改进和完善贫困县退出组织管理、评估程序、评估标准,坚持成熟一个、退出一个。既不追求贫困县退出数量,也不追求贫困县退出进度,实事求是,对于解决了"两不愁三保障"突出问题、达到退出标准的,按照程序退出,做到"应退尽退""能摘就摘"。已退出的贫困县,2020 年前继续保留原有的扶贫政策,并给予相应的资金支持。

严格脱贫标准。严格执行贫困户、贫困村、贫困县退出的"574"脱贫标准，始终把"两不愁三保障"作为贫困户脱贫退出的基本要求，严格执行贫困退出程序，既不变相降低退出标准，防止算账脱贫、数字脱贫、虚假脱贫、指标脱贫，也不盲目攀比、擅自拔高标准，提不切实际的目标，避免贫困群众陷入"福利陷阱"。

坚持严督实考。每年组织对 16 个州（市）和 122 个有扶贫开发任务的县（市、区）党委政府开展脱贫攻坚成效考核。重点关注年度目标任务完成、解决"两不愁三保障"突出问题、脱贫摘帽落实"四不摘"要求以及脱贫退出稳定性、持续性和建档立卡信息数据质量等，确保考准考实。

3. 实施好第三方评估

完善考核方式。主要采取召开对接会、座谈访谈、入户调查相结合的方式进行第三方评估。选择具有代表性的村庄、农户进行调查，具体抽检中，根据县内地域类型差异抽取典型调查村。农户抽选统筹考虑建档立卡贫困户、非建档立卡户，非建档立卡户调查重点关注未纳入建档立卡的低保户、危房户、重病户、残疾人户、五保户等群体。

健全考核内容。主要围绕"两不愁三保障"稳定实现情况，县乡村脱贫攻坚三年行动计划（实施方案）、脱贫攻坚工作部署、重大政策措施落实、脱贫措施"户户清"行动、县级项目库、乡级路线图、村级施工图工作情况进行第三方评估。重点检查基础设施改善、公共服务提升、后续帮扶计划及巩固提升工作等情况。重点关注精准脱贫的具体路径、脱贫质量与稳定性。

加强督查整改。加强督查审查，确保第三方机构依据实施方案独立开展工作。加强问题的沟通协调，由第三方机构及时与地方沟通、反馈。被评估县对发现的问题进行及时整改。如发现有违规、违纪问题，转交相关监督部门，一律追究到底。对违反工作纪律、保密纪律，或工作不尽责、违反评估标准规范等造成重大错误的将严肃追究相关人员责任。

依托完善的制度体系，做实做细"六个精准"，将精准扶贫精准脱贫真正落到实处，为打赢精准脱贫攻坚战做好基础工作。

二、推进"五个一批"，打好"十大攻坚战"

在解决"怎么扶"问题上，云南创新打法，把民族团结进步、生态文明建设、乡村振兴融入脱贫攻坚。通过深入推进"五个一批"工程，聚焦深度贫困地区，打好"十大攻坚战"，将精准帮扶举措进一步细化，融入各大攻坚战之中。

（一）创新脱贫攻坚战法

结合习近平总书记考察云南重要讲话精神及省情实际，创新打法，协同推进扶贫开发和民族团结进步示范区建设双融合、双促进，协同推进扶贫开发与守边固边，同步推进生态文明建设，接续实施好乡村振兴战略。

1.协同推进民族团结进步

针对少数民族贫困创新打法。云南少数民族自治地区涉及 13 个州（市）的 78 个县（市、区），占云南总县数的 60.47%。其中有 61 个贫困县，51 个贫困县是国家扶贫开发工作重点县。5000 人以上的少数民族 25 个，其中有 15 个特有民族、16 个跨境民族、11 个"直过民族"和人口较少民族。"直过民族"和人口较少民族处于整体贫困状态。统筹推进扶贫开发和民族团结进步示范区建设，坚持双融合、双促进，探索和实践具有云南特点的脱贫攻坚和民族团结进步之路。

自 2013 年开始，先后实施三轮"十县百乡千村万户示范创建工程"三年行动计划，打造民居有特色、产业强、环境好、民富村美人和谐的民族示范村镇。推动形成了以点串线、以线连片、以片带面的示范创建格局。

2016 年，启动 11 个"直过民族"和人口较少民族整族帮扶项目。采用"民族＋区域"、企业帮扶与政府帮扶相结合的帮扶模式，探索实践"一个民族一个行动计划""一个民族一个集团帮扶"的脱贫攻坚新模式。以前所未有的投资力度，聚焦迪庆州、怒江州等深度贫困民族地区发展。

2. 创新推动稳边固边行动

以稳边固边为出发点创新打法。面对 4060 公里国境线，8 个沿边州（市）有 25 个边境县、21 个贫困县、16 个国家扶贫开发重点县、8 个深度贫困县的省情，云南统筹推进边境地区稳边固边建设，将稳边固边的有效措施融入脱贫攻坚。

自 2015 年开始，连续实施两轮兴边富民工程改善沿边群众生产生活条件三年行动计划。2018 年，启动实施第二轮沿边群众生产生活条件改善三年行动计划，聚焦边境沿线 21 个贫困县，尤其是其中的 8 个深度贫困县。加大沿边地区基础设施建设，加快沿边开放和特色产业扶持，实施抵边搬迁等措施，统筹推进脱贫攻坚与稳边固边事业。沿边地区农村居民人均可支配收入从 2014 年的 4974 元增加到 2019 年的 9817 元。贫困发生率从 32.6% 下降到 1.8%。沿边群众获得感、幸福感和安全感明显提升，守土固边的责任心、自信心和自豪感显著增强。

3. 同步加强生态文明建设

按照习近平总书记"努力建设全国生态文明排头兵"的要求，坚持脱贫攻坚与生态文明协同推进,加大力度实施生态扶贫。

坚持绿色发展理念。加大"两山"理论的宣传教育,并用于脱贫攻坚,实施国家森林公园为依托的生态旅游扶贫。持续推进贫困村人居环境整治,逐步将人与自然和谐共处的生态理念内化为广大干部群众的自觉行动。打好绿色牌,以"绿色食品牌"为目标,引导贫困地区发展生态农业、加大林产业的发展力度,转变方式,走绿色发展道路。

4.接续实施乡村振兴战略

做好实施乡村振兴战略与打好精准脱贫攻坚战的有机衔接。

加强基础设施建设。重点推进农村水、电、路、通信网络整体性、系统性建设,逐渐形成城乡一体的基础设施体系。

加强支撑体系建设。深化农村土地制度改革,改善金融服务,提高农业生产社会化服务水平,健全职业农民培训培养体系,加强教育帮扶,提高贫困地区内生动力。加强森林、水、土地综合生态治理与建设,改善生态环境;实施生态产业发展战略,以生态旅游,可再生能源开发、生态农业为重点产业,改善贫困地区自然条件基础。

通过创新打法,突出边疆、民族、重点生态功能区等特点,增强扶贫的可持续性。

(二)实施"五个一批"工程

"开对了'药方子',才能拔掉'穷根子'。"[1]云南认真贯彻落实中央部署,结合实际,深入推进"五个一批"工程。

---

[1] 中共中央党史和文献研究院:《习近平扶贫论述摘编》,中央文献出版社2018年版,第65—69页。

1. 发展产业脱贫一批

始终把发展产业作为精准扶贫的核心工作来抓,坚持把产业扶贫作为稳定脱贫的主要依托和根本措施。在省级层面成立产业扶贫领导小组,负责贯彻落实国家和省有关推进产业扶贫的各项方针政策,研究制定云南产业扶贫实施方案,指导产业扶贫工作。主要从"一县一业""一村一品"、农业产业化、三产融合、旅游扶贫等方面推进产业脱贫一批工程。

加快一县一业特色产业发展。研究制定贫困县特色产业发展规划,对贫困村、贫困户因地制宜发展种养业、农产品加工业和传统手工业等给予重点扶持。加快贫困人口参与度高的现代农业产业园区、农业科技示范园区、优质种业基地、创业园区扶持步伐。2017年,编制完成云南省和88个贫困县特色产业精准扶贫规划,在每个乡镇选择2—3项特色产业,形成以云烟、云茶、云咖、云花、云菜、云果和特色养殖为代表的"一村一品、一户一业"产业扶贫格局。鲁甸花椒、永德坚果、云南核桃、红河哈尼梯田红米4个高原特色"云品"被选为中央电视台"广告精准扶贫"推介产品。

加快"一村一品"特色产业发展。实施贫困村"一村一品、多村一品"产业推进行动,通过产业推进行动的实施,每个贫困村都有了1—2个产业发展项目,有土地、有劳动力的贫困户至少参与1个以上的产业增收项目,为脱贫奠定坚实基础。

加强农业产业化扶持。通过财政奖补、税收优惠、金融服务,加快培育一批农业产业化龙头企业。按照每个贫困村至少拥有一个农民专业合作组织的目标,扶持发展农民专业合作组织。引导建立龙头企业、专业合作组织和各种经营主体与贫困户的利益联结机制,充分发挥其对贫困人口的组织和带动作用。推广政策驱动模式、龙头带动模式、挂靠帮带模式、农旅结合模式、能人带动模式、租赁返聘模式、集体反哺模式、抱团经营模式、培训造血模式、电商扶贫模式等"十大"产业帮扶模式。新型农业经营主体对建档立卡贫困户的覆盖带动率达到90％以上。

加快一二三产业融合发展。设立贫困地区产业投资基金，吸引企业到贫困地区参与资源开发、产业园区建设。以新型工业化为带动，加快贫困县县域经济发展和工业园区建设。发展一批农产品精深加工企业，带动贫困户发展产地初加工，开展产品净化、分类分级、干燥、预冷、储藏、保鲜、包装、运输等产后服务，促进农产品增值，贫困户增收。加快农产品市场体系、流通网络和产地市场建设步伐，利用各种农产品展销会、电商平台等，加大农产品品牌推介营销力度，促进贫困地区一二三产业融合发展。

加大旅游扶贫开发力度。依托自然生态、历史文化、民族风情、边境口岸等资源，大力发展生态观光、民族文化、休闲养生等乡村旅游，开发民族特色手工艺、服饰、美食、歌舞等旅游产品。2016年12月，制定和实施《加快乡村旅游扶贫开发的意见》。通过就业岗位倾斜、产业扶持、技能培训等，帮助贫困劳动力参与到旅游开发中来，拓宽贫困人口就业增收渠道。

2.易地搬迁脱贫一批

易地搬迁是有效解决"一方水土养不起一方人"和"公共服务供给成本高"地区贫困人口脱贫致富的重要举措。云南集边疆、民族、山区、贫困"四位一体"，名山大川横亘交错，山高谷深、江河深切、地势险峻，"一方水土养不起一方人"问题突出，独龙族、德昂族、基诺族等11个"直过民族"和人口较少民族世代居住在大山深处和峡谷腹地，面对特殊贫情，吹响"百万大搬迁"集结号，加大资源整合力度，加强公共服务基础设施建设，配套推进相关扶持，用好土地政策，加快实施易地搬迁脱贫一批工程。

健全完善政策支撑体系。2018年，出台《关于打赢精准脱贫攻坚战三年行动的实施意见》《关于坚决打赢新增易地扶贫搬迁攻坚战的实施意见》，印发《关于进一步做好易地扶贫搬迁工作的指导意见》，明确易地扶贫搬迁攻坚战指导思想、基本原则、目标任务和工作要求，聚焦搬迁群众"两不愁三保障"，突出问题导向，优化政策供给，为易地扶贫搬迁提供政策支撑。

加大资源整合力度。统筹整合各类资金，增加易地扶贫工程投资总量，累计安排易地扶贫搬迁专项资金575.79亿元，建立对搬迁农户的补助政策，落实搬迁群众配套产业、就业扶持政策，全力保障易地扶贫搬迁项目建设。

用好土地增减挂钩政策。利用城乡建设用地增减挂钩政策，解决安置区建设用地供给问题；开展建设用地节余指标跨区域交易，筹集更多的资金支持易地搬迁。2017年到2020年8月，共批准742个增减挂钩项目，覆盖有易地扶贫搬迁任务的121个县（市、区），保障易地扶贫搬迁安置用地8.32万亩。争取和完成9.53万亩跨省调剂任务，涉及调剂资金293.70亿元，连续3年位居全国第一。组织云南省内流转增减挂钩指标2.53万亩，交易金额64.35亿元。通过跨省调剂和省内流转节余指标共筹集到358.05亿元资金，用于脱贫攻坚。

加强公共服务体系建设。支持安置区配套公共设施建设，确保搬迁房建设与公共服务设施同步完工，确保搬迁户人与公共服务同步搬迁，融入当地社会。

通过实施易地扶贫搬迁，实现了易地搬迁和生态建设、新型城镇化、稳边固边等"多赢"。累计搬迁生态恶劣、脆弱区群众34.8万人，改善350个国家限制开发、禁止开发区迁出点和5782个地质灾害频发迁出点的生态环境。

3.生态补偿脱贫一批

生态补偿是解决生态脆弱地区和重点生态功能区贫困群众脱贫致富的重要手段。实施生态补偿脱贫,提高贫困群众收入水平,增强贫困地区生态环境承载能力,改善生态环境。2015年以来,重点围绕退耕还林还草、拓宽生态管护工资收益渠道、发展生态产业、增加政策转移性收益四个方面开展生态扶贫,将生态补偿脱贫一批工程推向深入。

实施退耕还林还草工程。积极推进坡度25度以上山坡地退耕还林还草工程。退耕还林还草指标向深度贫困地区倾斜,向贫困户倾斜,并根据相应补偿标准给予贫困户一定的补偿。在迪庆、怒江和"镇彝威"革命老区等生态脆弱地区,优先实施退耕还林还草项目。

拓宽工资收入渠道。扶持发展生态扶贫专业合作社,吸纳贫困劳动力参与生态工程建设,提高贫困劳动力工资性收入。建立单独面向贫困劳动力的生态管护人员聘用制度,专门招收贫困劳动力为生态管护人员,拓宽贫困家庭工资收入渠道。

发展生态产业。支持贫困群众发展特色经济林产业,推广和发展林下经济,推广林果、林菌、林药、林菜、林禽、林畜等复合经营模式,提高贫困家庭生态产业收入水平。

完善森林生态补偿机制。推动国家级、省级公益林补偿和管护同标准、全覆盖,提高贫困家庭生态补偿收益水平。

4.发展教育脱贫一批

教育扶贫是阻断贫困代际传递的根本举措。始终把发展教育脱贫一批作为阻断贫困代际传递,促进贫困人口脱贫致富的重点来抓。2015年以来,实施教育倾斜政策、建立奖补机制,开展贫困专项招生,加快贫困地区教育基础设施建设等,实施教育脱贫一批,让贫困家庭子女都能接受公平有质量的教育,阻断贫困代际传递。

实施教育倾斜政策。教育经费向贫困地区、基础教育、职业教育倾斜，为贫困地区教育发展提供资金保障。教育特岗计划、国培计划向贫困地区基层倾斜，为贫困地区教育发展提供人才支持。全面落实连片特困地区乡村教师生活补助政策，稳定教师队伍。学前教育向贫困地区特别是"直过民族"地区倾斜，为贫困家庭子女接受义务教育创造一个公平的竞争起点。

建立奖励补助制度。在省级层面建立面向全学龄段贫困家庭学生的奖励补助制度，缓解贫困家庭就学压力，彻底解决因贫辍学问题。在义务教育"两免一补"基础上，对建档立卡贫困户学生实施普通高中、中等职业教育免除学杂费政策，在高中阶段除享受其他政策外再给予每人每年2500元的助学金资助。全面实施农村义务教育学生营养改善计划。在迪庆、怒江实施14年免费教育，在怒江实施学前教育和普通高中免保教费、学杂费、教科书费及补助生活费的学生资助政策。对考入一本院校的建档立卡贫困户子女，在本科学习期间，除享受其他政策外由省级财政给予每人每年5000元学费奖励。

实施贫困专项招生计划。实施重点高校面向贫困地区招生专项计划。加大对贫困家庭大学生的救助力度，从入学到毕业就业进行全程资助、全程扶持。对贫困家庭离校未就业的高校毕业生提供就业扶持；加强毕业两年内未继续升学学生劳动预备制培训，为其就业创造条件。

改善贫困地区办学条件。合理布局农村中小学校，加强乡镇寄宿制学校和乡村小规模学校建设。从人均校舍面积、活动场地面积等方面，改善贫困地区各类学校办学条件。加强县级职业学校建设，动员组织未升学的贫困家庭初、高中毕业生到中等职业学校、技工学校就读，提高"两后生"职业技能水平，增强自主创业和就业的能力。学校扩大民族班规模，增加民族学生获得优质教育的机会。

推进城乡学校结对共建。启动实施义务教育阶段中小学校"1+1"城乡结对帮扶共建工程，从城市学校选派老师到农村支教，挂职锻炼；从农村学校选派老师到城市学校学习，开展经验交流等，提高贫困地区中小学办学水平。

5.社会保障兜底一批

社会保障兜底一批是帮助部分丧失劳动能力，无法通过产业就业实现脱贫的贫困群众脱贫的基本手段。2015年以来，坚持开发式扶贫与保障性扶贫有机结合，全面推进社会保障兜底一批战略。精准锁定兜底保障对象、推进低保与扶贫有效衔接、加强临时性救助、实施残疾人护理补贴、落实养老保险"三个100%"等措施，将社会保障兜底一批工作做实做细。

精准锁定兜底保障对象。将全部或部分丧失劳动能力的农村贫困人口锁定为兜底保障对象，对兜底保障对象实施分类兜底保障。细分兜底保障对象，将保障对象分为三类，按照重点保障户（A类）、基本保障户（B类）、一般保障户（C类）分别给予最高标准的兜底保障、低保和医疗救助等方面的兜底保障、最低生活保障或临时性救助兜底保障。

推进低保与扶贫开发"四个"有效衔接。加强政策衔接，出台《关于进一步完善农村最低生活保障制度的意见》《关于在脱贫攻坚行动中加强社会救助兜底保障工作的实施意见》等政策文件，强化低保与脱贫攻坚的衔接，把符合低保条件的建档立卡贫困户按程序纳入低保范围，保障基本生活；配合扶贫部门把符合扶贫政策的农村低保家庭按程序纳入建档立卡范围给予扶持。加强标准衔接，按照经济社会发展水平实行救助标准"一年一调"。2017年7月，所有县（市、区）农村低保保障标准统一提高到不低于3175元/人·年，超过2952元/人·年的国家扶贫标准和云南2855元/人·年的扶贫标准，实现"两线合一"目标。2018 年，农村低保保障标准继续实行年度动态调整，均不低于国家扶贫标准和云南扶贫标准。加强对象衔接，坚持各自认定标准，对纳入农村低保的建档立卡贫困户，人均收入超过扶贫标准但仍低于当地农村低保标准的，脱贫后可继续享受低保政策，做到"脱贫不脱保"；人均收入超过农村低保标准的，给予半年至 1 年的渐退期，实行"救助渐退"，促进稳定脱贫。加强管理衔接，民政、扶贫等部门定期不定期会商交流，动态共享农村低保、建档立卡贫困家庭人口、收入、财产状况等信息，共同做好复查复核工作。对脱贫不稳定户、持续增收能力弱户、边缘易致贫户以及因疫情或其他原因收入骤减或支出骤增户建立台账，实施动态监测，及时落实求助帮扶措施，确保全面小康进程中"不掉一户、不落一人"。

积极推进临时性救助。对突发性、临时性、紧迫性困难问题造成暂时生活困难的家庭或个人，如因遭遇火灾、交通事故等意外事件导致家庭生活出现严重困难的，通过临时救助和"救急难"进行救助。全面落实低收入群体价格临时补贴与物价上涨挂钩联动机制，达到启动条件时及时发放价格临时补贴，确保困难群众基本生活不受影响。全面推广灾害应急救助、过渡期生活救助、倒损住房恢复重建补助、冬春临时生活困难救助等项目，保障因灾致贫返贫群众基本生活不受影响。

认真落实残疾人护理补贴制度。认真落实困难残疾人生活补贴和重度残疾人护理补贴制度，建立年度为基础的生活补贴和护理补贴正常调整机制，逐年提高补贴标准，及时发放到位，确保困难残疾人和重度残疾人基本生活不受影响。

落实社保扶贫工作"三个 100%"目标。2019 年 9 月，圆满完成"三个 100%"目标。在此基础上，查缺补漏，确保不漏一户，不落一人。符合条件的建档立卡贫困人口 100% 参加城乡居民养老保障；

60 周岁以上建档立卡贫困人口 100% 按时足额享受城乡居民养老保险待遇；符合条件未标注脱贫的建档立卡贫困人口、低保对象、特困人员等困难群体，100% 由地方政府代缴 100 元的城乡居民养老保险费。引导群众通过一部手机办事通，推广"不见面"社保服务。到 2020 年 7 月，545.88 万符合条件的贫困人口全部实现参保，104.02 万 60 周岁以上贫困老人全部按时足额领取待遇。地方政府为 259.97 万缴费困难人员代缴 2.65 亿元基本养老费。

实施医疗救助行动。将所有建档立卡贫困人口纳入医疗救助范围，取消救助起付线，在政策内经基本医保、大病保险报销后的个人自付费用按比例救助，患重特大疾病的，加大救助力度，着力解决医疗费用负担重、看不起病、不敢看病的问题。

（三）全力打好"十大攻坚战"

2017 年以来，云南从实际出发，对脱贫任务目标及脱贫措施进行细化分解，聚焦深度贫困地区，打好"十大攻坚战"。在 2018 年的《政府工作报告》中，进一步明确提出，向深度贫困地区聚焦发力，集中力量打好"十大攻坚战"。

1. 易地搬迁攻坚战

2018 年以来，以易地扶贫搬迁对象的动态调整为契机，坚持"挪穷窝"与"换穷业"并举，对 30 户以下、贫困发生率 50% 以上、基础设施和公共服务尚未达到脱贫出列条件的村庄，采取应搬尽搬、整村搬迁、进城入镇的举措，确保搬迁 1 户、脱贫 1 户，打好易地搬迁攻坚战。严格落实中央深度贫困地区易地扶贫搬迁政策，允许迪庆州、怒江州从国家下达的工程项目资金提取资金用于前期工作经费和后续产业扶持。不断加强帮迁对象精准识别与标注，完善搬迁政策，加强搬迁项目管理，做好后续扶持，确保搬迁对象搬得出，稳得住，逐步能致富。

（1）瞄准搬迁对象

打好易地扶贫搬迁攻坚战，瞄准搬迁对象是基础。"十三五"期间，瞄准资源承载力严重不足、公共服务严重滞后且建设成本过高、地质灾害频发易发、国家禁止或限制开发、地方病高发等"一方水土养不起一方人"地区的建档立卡贫困人口，充分尊重群众意愿，实施易地扶贫搬迁。在项目推进中，落实搬迁对象，将搬迁对象落实到每家每户，并做好标注。在原纳入国家规划 65 万人搬迁规模的基础上，2018 年国家充分考虑云南困难和实际，新增搬迁规模 34.5 万人。2019 年，经过建档立卡搬迁对象动态调整，锁定搬迁总规模 99.6 万人，占全国搬迁总规模的 10%，居全国第三位。

（2）完善搬迁扶持政策

完善搬迁对象补助政策。2017 年 3 月以来，调整易地扶贫搬迁户安置补助政策，推动按户补助向按人补助转变。严格区分建档立卡和同步搬迁两类对象，合理制定以人口为对象的补助标准，确保贫困户不因搬迁而举债或增加负债。对搬迁贫困户的补助标准由户均补助 6 万元调整为人均补助 2 万元，签订旧房拆除协议并按期拆除的建档立卡贫困人口人均奖励 0.6 万元，但建档立卡贫困户建房补助和奖励资金不得超过面积控制标准的建房成本，自筹资金原则上户均不超过 1 万元。取消统一的贫困户建房贷款政策。而同步搬迁户户均补助不低于 1.5 万元、贷款不超过 6 万元政策不变。实行差异化补助标准，对迪庆州和怒江州，城市和县城集中安置，边境一线集中安置，集镇集中安置及其他安置实行差异化补助标准。

完善住房面积政策。严格执行建档立卡搬迁人口住房建设面积不超过 25 平方米 / 人的标准，按照 50、75、100、125、150 平方米等户型进行设计和建设，最大户型面积不超过 150 平方米（即 6 人及以上户），其中单人单户和 2 人户安置住房采取集中建设公寓、与养老院共建等方式解决。对同步搬迁人口住房面积进行限制，以避免同步搬迁人口住房建设面积与建档立卡贫困搬迁人口住房建设面积差距过大。搬迁完成后，及时按照相关规定办理安置住房不动产登记，并严格遵守 5 年内住房不得进行交易的规定。

完善安置方式。引导提高中心村、县城、中心镇、产业园区、旅游景区的安置比重。加大城镇安置比例，推进抵边安置。2018 年开始，易地搬迁安置从分散安置向集中安置转变，安置方式由"农村复制农村"逐步向"城镇集中安置"转变。规划布局一批抵边新村，通过边民补助及其他优惠政策，引导非边境一线贫困人口抵边居住。易地搬迁安置点由"点多散小"向"适度集中"转变，集中安置比例由 2016 年的 80.6%，提高到 2019 年的 100%；安置方式由"农村安置"向"城镇集中安置"转变，城镇安置比例由 2016 年的 21.6%提高到 2019 年的 90.6%。

建立先进安置点奖励制度。2019 年 8 月，出台安置点以奖代补办法，对列入"十三五"期间国家易地扶贫搬迁规划任务，且安置建档立卡贫困人口在 200 人以上、各项工作开展得好的集中安置点，建立奖补制度。2019 年—2023 年，省财政每年安排财政专项扶贫资金 5000 万元，对不同规模优秀安置点进行分类奖补。

（3）加强搬迁项目管理

2017 年底，成立云南省易地扶贫搬迁攻坚战指挥部，负责易地扶贫搬迁项目管理。实施人户精准管理，科学合理选址，严格地灾评估，做好规划设计，编制实施方案，落实点长责任，确保施工安全，加强工程管理，重视检测验收，完善工程档案，推进项目管理科学化。

确保安全质量。严守质量和安全"生命线"，所有搬迁项目必须开展地质灾害评估；将平时检查和拉开网式、全覆盖集中排查、会同自然资源、住建部门突击检查等相结合，确保项目手续完备、质量达标、生产安全。重点对项目选址安全情况、工程质量安全情况等进行排查，确保质量安全。严控施工进度。推行 EPC 工程总承包制，新增搬迁任务 90% 以上的安置点由国有大型企业建设。做好建材供应保障，与昆钢集团、云南建投分别签订建材供应协议和建设合作协议，保障钢筋、水泥等主要建材供应和质量。建立和落实"月调度""旬分析""周通报"等调度制度，实时掌握项目建设进度，及时预警通报，表彰先进、鞭策后进。落实拆旧复垦政策，实施拆旧复垦工程，形成建设用地节余指标，为搬迁项目提供土地指标供给。

（4）强化项目督导整改

加强项目督导。建立"网格化"督导机制。以发展改革委为基础，建立"党组成员包州、处级干部包县、全体干部挂点联户"的督导责任体系，对所有安置点采取分阶段集中督导、重要时段点穴督导等方式，全覆盖进点入户开展督导工作，有力推动工程建设、搬迁入住、后续扶持三大任务。推行"双点长"制，由 1 名县级负责人和 1 名承建企业负责人共同担任安置点点长。推行"蹲点驻守"制和"万人以上安置点挂牌督战"制，建立"分级、包片、驻点、全覆盖督导"制度。

加强问题整改。重视各类监督检查发现的问题，加强问题整改，逐一销号清零。严肃执纪问责，严格执行线索排查、线索移交、线索处置、问题追责、报告通报等制度，对发现的问题，严肃处理，决不姑息。

（5）重视搬迁后续扶持

搬迁只是手段，脱贫才是目的。2019 年，通过加强迁入地配套扶持,做好搬迁户后续扶持工作。2020年,印发《云南省易地扶贫搬迁"稳得住"工作方案》,明确抓好户籍管理、配套服务、权益保障、社会治理等方面的重点工作,印发《易地扶贫搬迁居民生活指南》,促进搬迁群众快速适应新生活。

做好配套服务。以社区融入为目标,推进搬迁人口市民化,落实户籍政策、就近入学、教育资助、健康扶贫、最低生活保障、养老保障、社会救助、社区治理等政策措施,确保搬迁群众共享城镇资源,融入城镇生活。

打造宜居家园。主动与搬出区加强沟通、协作,做好搬迁农户户口迁移工作。按照"就近就便""缺什么补什么""三化同步"(同步规划、同步建设、同步投入使用)原则,推进安置点义务教育学校、卫生院(所)、幼儿园、"一水两污"、活动场所、便民超市(中心)等配套服务设施建设。截至2020年8月,安置点已建成幼儿园95个、学校60个、卫生室290个、活动室2248个、便民超市175个、文化广场1503个、村史馆151个、篮球场743个、公厕2942个。

加强产业就业扶持。积极培育迁入地主导产业、加快扶贫车间建设、增设公益岗位、强化技能培训、完善就业服务。按照每个安置点至少有1项主导产业辐射带动,每个安置点至少建成1个扶贫车间,搬迁户至少加入1个经济合作组织为目标,加大迁入地产业扶持。加强搬迁农户耕地、林地、宅基地"三块地"权属界定等管理工作,确保搬迁农户依据法律法规和政策享受的各项权益不变,确保各项支农惠农政策补贴保持不变;盘活"三块地",确保搬迁对象至少有1份稳定的权益收益(流转收益或资产收益)。截至2020年8月,共在2832个集中安置区周边实施农业产业扶贫项目2559个,其中全省19个万人以上安置区共配套实施农业产业项目27个,安置区主导产业覆盖率达71%,大型安置点扶贫车间配套率达82%。

加大就业扶持力度。确保有培训意愿和劳动能力的搬迁群众至少接受 1 次技能培训并掌握 1 项职业技能、有劳动能力但不具备外出务工条件的家庭至少有 1 个公益性岗位覆盖、有劳动能力和就业意愿的家庭至少 1 个实现就业。截至 2020 年 8 月，19 个万人以上易地扶贫搬迁集中安置点实现劳动力转移就业 161697 人，平均转移就业率 84.05%；开展职业培训（含技能培训、创业培训）30647 人次，就业扶贫车间开工 81 个，吸纳 4303 人就业。

加强和谐社区建设。重视迁入地社会治理，按照"有基层党组织、有基层自治组织、有群团组织、有社会组织、有互助组织、有片长楼栋长、有活动阵地、有警务室、有调解室（员）、有经费保障"等"10 个有"的目标，加强基层党组织、自治组织、群团组织、社会组织、互助组织建设，设立片长楼栋长，建设活动阵地，设置警务室、调解室，落实经费保障。截至 2020 年 8 月，在安置点共建设基层党组织 1676 个、各类组织 2480 个，新设派出所 15 个、配套警务室 647 个，实现基层组织和警务力量全覆盖；推选楼栋长 3716 名、校增调解员 1754 名，群众的安全感和满意度明显提高。

倡导树立时代新风。重点做好"培育核心价值、强化感恩教育、加强业务培训、制定村规民约、培养良好习惯、开展安全培训、丰富活动载体、关爱特殊群体、创建文明家庭、弘扬优秀传统"等 10 项具体工作，帮助群众快适应、快融入。截至 2020 年 8 月，组织安置点一线干部培训 5.4 万人次、开展新生活习惯和安全知识培训 40.2 万人次、创建文明家庭 1.8 万户，搬迁群众归属感和幸福感不断增强。

2. 产业就业攻坚战

实施产业脱贫一批，把产业就业有机结合起来，打好产业就业攻坚战。以实现 300 万贫困人口产业脱贫和到 2020 年帮助 100 万以上贫困劳动力实现转移就业为目标，着力引进和培育龙头企业，扶持农民专业合作组织，让产业就业扶贫措施和新型农村合作经济组织覆盖所有有条件的贫困户。

（1）产业攻坚战

深入推进产业脱贫一批战略，加大特色产业发展步伐，建立产业扶持机制，积极探索产业扶贫新业态，深入开展产业攻坚行动。

建立扶持机制。2017年，整合"定点扶贫""东西部扶贫协作"等社会帮扶项目和资金，扶持各类产业扶贫主体，对建档立卡贫困户购买种苗、农资，以及建设相关的基础设施进行补助。2018年8月以来，根据带动贫困户的脱贫方式、脱贫数量等给予龙头企业、农民专业合作社、专业大户适当奖补。

强化金融政策支持。2018年开始，按照企业、合作社带动贫困户的数量，给予贷款贴息。对企业、合作社每带动1户贫困户脱贫给予2万元贷款额度同期同档次基准利率全额贴息奖励。同时，对带动10—20户贫困户发展产业的创业致富带头人，按照同期同档次基准利率给予10—20万元贷款额度全额贴息奖励。

加快高原特色农业发展。坚持以高原特色农业为主要方向，加快特色产业扶持和发展。"十三五"期间，重点以粮油、生猪、牛羊、蔬菜、花卉、中药材、茶叶、核桃、水果、咖啡、食用菌、橡胶、甘蔗、蚕桑、渔业、烤烟等16个区域性特色产业作为产业扶贫的重点，通过调整产业结构，促进产业布局优化。

探索建立利益联结机制。建立贫困户与新型经营主体的利益联结机制，完善龙头企业绑专业合作社、专业合作社绑贫困户的产业扶贫"双绑"利益联结机制，确保贫困户持续稳定受益。

探索和实践新扶贫方式。大力推广电商扶贫，2017年5月，出台《电商精准扶贫实施方案》，以贫困县、贫困村和建档立卡贫困户为重点，通过加强基础设施建设，改善电商发展条件。引导更多的企业建立电商服务平台，服务脱贫攻坚。同时，通过加大电商人才培训，提升贫困人口利用电商创业、就业的能力。在 2019 年 9 月以来的残疾人扶持中，完成了 500 名农村建档立卡贫困残疾人电商知识培训，对 100 名农村建档立卡贫困残疾人创办网店给予了扶持，辐射带动了 500 名残疾人从事电商产业相关环节，促进贫困残疾人创业增收。

推广资产收益扶贫。2017 年以来，结合农村产权制度改革的深入推进，引导贫困村、贫困户依法、依规以扶贫资金、土地经营权，采用入股、租赁、互换、转让、托管、联营等方式与企业、个人等经营主体发展多种形式的农业适度规模经营，获得资产性收益。同时，在部分贫困县实施农村承包土地的经营权、农民住房财产权、林（木）权抵押贷款，为贫困户提供金融服务。

开发扶贫新业态。2016 年启动光伏扶贫，在 63 个县（市、区），按照贫困村 200KW 村级光伏电站、贫困户 3KW 光伏发电系统开展村级光伏发电站和户用光伏系统建设。其中，农户户用分散式光伏发电系统产权、收益归农户所有。村级光伏发电站收益归村集体，通过股权量化，用来开展贫困户扶持。

（2）就业攻坚战

2016 年 5 月，出台农村劳动力转移就业扶贫行动计划，加强贫困劳动力转移就业的指导。2018—2020 年，就业补助资金分配对 88 个贫困县按每年 10% 增量递增，其中 27 个深度贫困县的就业补助资金增量每年每个县不低于 100 万元。强化组织动员，建立扶持机制，做好技能培训，通过有序输出、跟踪服务，打好转移就业攻坚战。

加强组织动员。聚焦滇西边境、乌蒙山、迪庆藏区和石漠化 4 个集中连片特困地区，以边境县（市）、藏区县、少数民族地区特别是"直过民族"地区为重点区域，以贫困县建档立卡贫困人口中的劳动力为主要对象，全面实施农村劳动力转移就业扶贫计划。先后与北京、广东、上海、福建、江苏、浙江等省（市）建立劳务对接机制，设立省内外劳务输出服务站 121 个，加强劳动力转移就业组织动员及服务。在"挂包帮""转走访"工作中，深入实施转移就业行动，通过加强思想动员，联系就业门路，联系技能培训等，帮助贫困户转移就业。在千企帮扶千村行动、百校帮扶百乡（镇）行动中，实施万名队员帮扶劳动力就业行动，通过动员帮扶队员个人的一切资源，帮助贫困劳动力转移就业。

建立扶持机制。全面建立对组织动员主体、带动就业主体、贫困劳动力的全方位扶持制度。对贫困劳动力稳定务工，乡、村组织本地劳动力外出就业，扶贫车间吸纳贫困劳动力就业给予适当奖补。对自主创业的贫困劳动者提供"贷免扶补"创业担保贷款扶持，对首次创办小微企业或从事个体经营，且所创办企业或个体工商户自工商登记注册之日起正常运营 6 个月以上的贫困劳动力按规定给予创业补贴。

对自主创业实施税收优惠。2019 年 1 月 1 日至 2021 年 12 月 31 日期间，给予贫困劳动力从事个体经营税收优惠。

加强技能培训。2018 年以来，加强对有意愿参加培训贫困劳动力的技能培训，实现对有培训意愿的贫困劳动力实施培训全覆盖行动。加强"两后生"职业技能培训，提高贫困家庭新增劳动力转移就业的能力。对参加职业培训的贫困劳动力给予职业培训补贴和生活费补贴。对吸纳贫困劳动力就业并开展以工代训的各类生产经营主体给予扶持。对新录用农村贫困劳动力并依托所属培训机构或政府认定的培训机构开展岗位技能培训的企业，给予职业培训补贴。对符合条件的贫困劳动力参加创业培训按规定从就业补助资金中给予培训补贴。

完善转移就业路径。全面推进就近就地就业与转移就业相结合的扶贫路径。依托乡村建设和地方特色产业，组织动员一批农村劳动力实现就近产业间转移就业。依托新型城镇化和"五网"建设等重点项目的实施，组织动员一批农村劳动力实现城乡间转移就业。依托区域经济发展，组织动员一批农村劳动力实现省内区域间转移就业。依托驻外地劳务服务机构，组织动员一批农村劳动力实现省际间转移就业。依托区位优势，组织动员一批农村劳动力实现国际（区域）间转移就业。依托东西部扶贫协作机制，帮助贫困家庭新成长劳动力到东部发达地区接受职业教育。有组织地动员贫困家庭劳动力到上海、广东等东部地区务工。截至 2019 年，450.02 万建档立卡贫困劳动力中，有 284.1 万人实现转移就业，转移就业率达 63.11%。越来越多的"镇雄保安""宣威建工""彝族绣娘"走出大山，用双手创造幸福生活。

实施公益岗位兜底扶贫。2018 年，出台推进就业扶贫的三年行动计划，针对"无法离乡、无业可扶、无力脱贫"的农村贫困大龄劳动力、残疾家庭劳动力和有重病患者家庭劳动力，整合就业补助资金，积极开发扶贫工作信息员、公路养护、农村保洁、治安巡逻等乡村公共服务岗位，实施就业帮扶安置。2019 年，开发乡村公共服务岗位兜底帮扶贫困劳动力 26.24 万人，聘用生态护林员 17.04 万名、护路员 1.26 万名。

3. 生态扶贫攻坚战

按照建设生态文明排头兵的目标，2017 年，细化生态补偿脱贫一批的各项举措，实施重大生态工程、拓展生态服务工资收入渠道、发展生态产业、创新生态扶贫方式，打好生态扶贫攻坚战。2018 年，退耕还林还草、生态护林员等项目和政策向深度贫困地区和贫困户倾斜。

（1）实施重大生态工程

加大退耕还林还草力度。2018 年 10 月以来，将贫困地区 25 度以上坡耕地全部纳入退耕还林还草范围；并争取实施了一批 25 度以上陡坡耕地梯田、重要水源地、15—25度非基本农田坡耕地、严重石漠化耕地、易地扶贫搬迁腾退耕地和严重污染耕地退耕还林还草项目。每年新增退耕还林还草任务80%以上向88个贫困县倾斜安排。全面落实有退耕意愿的建档立卡贫困户"应退尽退"要求。截至2019年，累计安排建档立卡贫困户退耕还林155.6万亩，涉及24.8万户、99.3万人，补助期内贫困户可获得现金补助18.7亿元，户均7540元、人均1883元，已有17.5万户脱贫。

实施天然林、防护林建设工程。优先安排金沙江、珠江防护林体系建设工程范围内贫困县的建设任务，推进退化林修复，发展国家储备林。

实施水土保持重点工程。加大金沙江和珠江上游、岩溶石漠化等重点区域水土流失治理力度，重点推进坡耕地、侵蚀沟治理和小流域综合治理，对纳入坡耕地水土流失综合治理"十三五"专项建设方案中的贫困县优先支持。加快实施贫困县坡耕地水土流失综合治理工程和国家水土保持重点工程，国家水土保持重点工程资金50%以上用于贫困县。

实施石漠化综合治理工程。重点实施会泽县等深度贫困县的石漠化治理工程，按照治理岩溶面积25万元/平方公里的标准进行补助，县均安排1000万元，采取林草植被保护与建设等多种措施，进行岩溶地区石漠化综合治理。

（2）发展生态产业

培育新型经营主体。采取扶持、改造、重组等多种形式，扶持培育有特色、有优势、产业关联度大、带动能力强的大型生态产业龙头企业。同时，加强贫困地区返乡农民工、大学生村官、乡土人才、致富能手、科技示范户等林产品种养殖实用技术培训，提高不同经营主体发展生态产业的能力。并通过土地流转、入股分红、合作经营、劳动就业等方式，建立产业化龙头企业、新型经营主体与贫困人口的利益紧密联结机制。

发展生态旅游业。鼓励和支持贫困地区依法依托自然保护区、国家公园、森林公园和湿地公园等自然保护地，吸纳建档立卡贫困人口，参与生态旅游服务工作。支持贫困人口以林地、湿地上的景观资源入股，开展特色乡村森林旅游、森林休闲和森林康养等旅游业。鼓励建档立卡贫困户通过发展森林人家、手工业、提供生态产品等方式，提高科学利用资源的能力。

发展特色林产业。鼓励和引导发展适合在贫困地区种植、市场需求旺盛、经济价值较高的林产业，引进以核桃、花椒、澳洲坚果、油橄榄、油茶、板栗等加工为主的知名企业，促进林产业升级。到2019年底，木本油料种植面积已达到5150万亩，其中：核桃种植面积4300万亩、产量达119万吨、产值281亿元；澳洲坚果350万亩、产量3.8万吨，产值10.5亿元。核桃种植面积已占全球的34.5%、占全国的40%，产量已占全球的27.2%、占全国的56.7%；澳洲坚果种植面积已占全球的56%、占全国的91.7%，产量已占全球的23%、占全国的91%。核桃、澳洲坚果种植面积、产量、产值均居全国之首。特色经济林成为贫困地区的"铁杆庄稼""绿色银行"，涌现出云南核桃、鲁甸花椒、临沧坚果、怒江草果等一批助农增收明显的地方特色林产品。

发展特色林下种养业。充分利用林下自然条件，选择适合林下生长的动植物和微生物，引导贫困户因地制宜开展林下牧草种植，发展林药、林菌、林菜等种植业和林禽、林畜、林蜂等养殖业。鼓励贫困户以林地、草地出租、入股等形式参与林下经济开发，获得资产性收益。鼓励通过生态扶贫合作社的形式，建设了一批带动贫困户脱贫能力强的特色种养基地，促进贫困户增收。

（3）拓宽生态就业渠道

实施生态工程就业帮扶。2018 年开始，推广专业合作社模式，提高贫困人员参与生态工程的组织化程度，动员贫困人口参与重大生态工程建设。鼓励创办一批贫困人口参与度高的生态扶贫专业合作社（专业队）。采取议标等方式将退耕还林还草、石漠化综合治理、天保工程营造林任务、陡坡地生态治理、森林抚育、低效林改造、林下经济开发等重点生态工程和产业发展项目交由生态扶贫专业合作社（专业队）实施。在政府投资实施的重大生态工程中，吸纳贫困劳动力参与建设，带动贫困人口增收。2017—2019 年，通过加强对 3730户林农专业合作社（其中，省级示范社 533 户，国家级示范社 46 户）的引导和培育，合作社成员增加到 22.84 万户，吸纳建档立卡户 4.55万户，带动 13.64 万贫困人口增收；88 个贫困县有建档立卡户 3.8 万户参与林农专业合作社经营，带动 11.41 万贫困人口；27 个深度贫困县有建档立卡户 2.62 万户参与林农专业合作社经营，带动 7.87 万贫困人口。

加大生态管护岗位开发。增加生态护林员选聘规模，促进建档立卡贫困户增收脱贫。在国际重要湿地、国家级湿地自然保护区和国家湿地公园范围及其周边，依托湿地保护与恢复、湿地生态效益补偿等项目的实施，吸纳贫困人口参与湿地管护、湿地生态环境管理、外来物种清除控制等项目建设，增加建档立卡贫困户参与保护和服务的公益岗位。增加规模化草原管护岗位，优先聘用贫困劳动力。加强生态管护员上岗培训，提升业务水平和安全意识。规范生态管护员的选聘程序、管护范围、工作职责、权利义务等，建立能进能出的管理机制，提升生态资源管护能力。

（4）提高政策性收入

实施转移支付倾斜政策。对生态功能区的转移支付向贫困县倾斜，对生态环境明确好转的贫困县，适当增加生态价值补助资金作为奖励。生态功能区的转移支付增量资金优先安排深度贫困县。对以滇西北三江并流生态屏障、哀牢山—无量山生态屏障、南部边境生态屏障、滇东—滇东南喀斯特地带、干热河谷地带、高原湖泊区和其他点块状分布的重要生态区域为核心的生态安全屏障地区，加大政策性补助力度，全面提高省级支持的重点生态功能区建设项目财政补助标准。

完善生态效益补偿机制。逐步扩大森林生态效益补偿范围，提高深度贫困地区补偿标准，促进贫困人口生态补偿收入稳步增长。落实草原生态保护补助奖励政策，及时足额向牧民发放禁牧补助和草畜平衡奖励资金。

开展生态综合补偿试点。以国家重点生态功能区中的贫困县为主体，建立跨省横向生态保护补偿机制，与长江、珠江水系中下游省（区、市）建立横向生态保护补偿机制。探索实施省内横向生态保护补偿机制，在云南省内具有重要生态功能、重要水源地水资源供需矛盾突出、受各种污染危害或威胁严重的典型流域开展横向生态保护补偿试点。分配到各州、市、县、区的生态保护补偿资金，由政府统筹安排，用于当地生态环境改善。

（5）创新生态扶贫方式

探索实施生态搬迁。2018年以来，以国家公园、国家级自然保护区、高原湖泊区等重要生态区域为重点，对居住在生态核心区的居民实施生态搬迁，恢复迁出区原始生态环境，帮助贫困群众稳定脱贫。以洱海流域核心保护区先行开展生态搬迁试点。

创新资源利用方式。引导和推进森林资源有序流转，推广经济林木所有权、林地经营权等新型林权抵押贷款改革。探索通过赎买、置换等方式，将国家级和省级自然保护区、国家森林公园等重点生态区范围内禁采伐的非国有商品林调整为公益林；将贫困地区符合条件的农村土地资源、集体所有森林资源，通过多种方式转变为企业、合作社或其他经济组织的股权，推动贫困村资产股份化、土地使用权股权化，盘活农村资源资产资金，提高贫困村、贫困户资产收入。

实施碳汇扶贫项目。结合全国碳排放权交易市场建设，通过参与国家温室气体自愿减排交易，鼓励开发森林经营、碳汇造林、竹子造林碳汇和小规模非煤矿区生态修复等类型的林业碳汇项目，支持林业碳汇项目获取碳汇减排补偿，推动清洁发展机制和温室气体自愿减排交易机制改革，探索支持林业碳汇项目获取碳汇减排补偿。

4. 健康扶贫攻坚战

健康扶贫是破解因病致贫的关键一招。2017 年，专门印发《云南省健康扶贫 30 条措施》，为健康扶贫提供制度支撑。围绕精准锁定健康扶贫对象，构建基本医保、大病保险、医疗救助全覆盖机制，积极推进"三个一批"分类救治、医疗服务能力提升、服务方式创新、加强疾病预防控制、健康教育等措施，提高贫困人口健康水平，缓解看病负担。

精准锁定健康扶贫对象。在基础性识别基础上，2017 年，开展贫困人口因病致贫筛查工作，核实核准患病家庭、人员和病种，并建立管理数据库，为实施精准健康扶贫提供基础数据和决策依据。筛查活动严格按照国家卫健委确定的 45 个重点病种和 48 个次要病种，以及单次就诊费用超过上年农村人均可支配收入的情况，采取入户排查、体检等方式，逐户填写"贫困人口情况登记表"，并借助新型农村合作医疗管理信息系统、国家卫生统计网络直报系统、居民电子健康档案，核实完善贫困人口因病致贫人员、重点病种等信息。

建立三甲医院对口帮扶制度。2016 年，建立省内外三甲医院对口帮扶贫困县县级人民医院制度，并根据受援医院需求及时调整对口帮扶关系。实施"互联网＋医疗"健康行动计划，让广大贫困地区群众就近就能享受到大城市专家的医疗服务。2018年，探索建立针对"三区三州"的组团式帮扶模式。通过互派医护人员，开展远程诊病等，提高贫困县县级医院医疗服务能力，贫困县县级医院的医疗技术水平得到显著提升。迪庆州、怒江州三甲医院创建成功，广大农村患者不出远门就能得到质优价廉、便捷的医疗服务。2019年，建立三甲医院对口帮扶贫困县中医院制度。

加强基层医疗机构标准化建设。大力实施县级公立医院提质达标晋级工程，实施胸痛中心、脑卒中中心、创伤中心、危重孕产妇救治中心、危重新生儿救治中心等"五大中心"建设。实施乡镇卫生院能力提升行动，按照"填平补齐、按需配置"原则为乡镇卫生院补齐基础医疗设备，开展乡镇卫生院慢病管理中心和心脑血管救治站建设。实施贫困村卫生室标准化建设项目，加强村卫生室管理，规范村医执业和台账管理。加强基层中医药服务能力建设，提高基层医疗卫生机构中医药服务能力。同时，加强基层卫生人才队伍建设，全面落实基层医疗服务人员各项补助制度，推动优秀人才向基层流动，加强基层医疗服务人员医疗技术培训，实施基层医疗卫生机构学历提升工程，全面提高基层医疗服务队伍综合素质，促进医疗服务标准化。

落实和推进医保帮扶。按照贫困人口100％参与基本医疗保险、大病保险的目标，推进医保扶贫。通过安排补助资金，对建档立卡贫困人口参加基本医疗保险个人缴费给予定额补贴，确保建档立卡贫困人口100％参加基本医疗保险。足额安排城乡居民财政补助资金，落实好大病保险倾斜政策。2017年以来，基本实现建档立卡贫困人口100％参加城乡居民基本医保和大病保险的目标。开发应用脱贫攻坚医保扶贫"总攻战"调度指挥系统，利用信息化手段和大数据，统筹调度并全面分析建档立卡贫困人口参保筹资、待遇兑现、经办服务等各类信息，为打好医保扶贫总攻战提供保障。

完善医疗服务方式。开展县乡村医疗共同体建设，实施以县级医院为龙头、乡镇卫生院为枢纽、村卫生室为基础的县乡村一体化管理，构建三级联动的县域医疗服务体系，提高医疗服务能力。2017年，推广县域内"先诊疗后付费"和"一站式、一单式"即时结报制度，方便贫困群众看病就医。印发《关于医疗救助实行异地就医"一站式"直接结算的通知》，对县域外"一站式"直接结算的结算对象、资金结算办法、清算及拨付进行明确，并在云南省范围内进行系统改造，为实现"一站式"直接结算提供保障。全面推广家庭医生签约全覆盖便民服务机制。规范诊疗行为和就医秩序，严控贫困患者住院医保报销范围外的医疗费用。实施大病、慢性病分类救治。注重医疗救助工作，按照"大病集中救治一批、慢性病签约服务管理一批、重病兜底保障一批"的要求，组织对患有大病和长期慢性病的贫困人口实行分类分批救治。印发《关于统一全省基本医疗保险门诊特殊病慢性病病种管理服务工作的通知》，将病种、保障范围统一起来，实行一窗口受理、一次性告知、一站式办结和最多跑一次办理服务，特殊病、慢性病诊断备案实现在医保窗口即时办，在医疗机构直接办，办理时间由最长90天缩短为1天。从2017年起，对贫困大病患者开展大病集中救治，首批救治病种为9类15种，2020年增到36种。实施慢性病签约服务，对农村贫困人口中患有原发性高血压、2型糖尿病、肺结核和严重精神障碍等4类慢性病患者实现"应签尽签"，并做好随访评估、健康管理、适时转诊等工作。

加强疾病预防控制。推进传染病、慢性病和严重精神障碍患者管理全覆盖，严格落实适龄儿童国家免疫规划，规范管理肺结核病人、严重精神障碍患者、高血压、糖尿病患者台账，及时处理突发性传染性疫情。加强地方病防治，高度重视地方病防治工作。2016年以来，将符合建档立卡条件的地方病病人全部纳入大病集中救治范围。自2017年开始，对经国家卫生计生委、国务院扶贫办核实核准的建档立卡贫困白内障患者进行免费救治。加强对贫困地区母婴的关爱。积极开展农村妇女宫颈癌、乳腺癌和妇女常见病免费筛查活动，以县为单位实现贫困县全覆盖。推动和实施贫困地区儿童营养改善项目，为6—24月龄儿童提供营养包，预防和治疗儿童营养性疾病，提高贫困地区婴幼儿营养水平。全面开展免费孕前优生健康检查，倡导优生优育，对贫困家庭出生缺陷患儿实施出生缺陷救助。

广泛开展健康促进教育。加强贫困县基本公共卫生健康教育服务，推进健康素养促进攻坚行动，构建健康平台，加大传染病、地方病和慢性病防治知识宣传力度，针对贫困地区重点人群和重点病种做好健康科普宣传。广泛开展全民健康生活方式"三减三健"活动，提升建档立卡贫困人口健康意识，形成良好卫生习惯、饮食习惯及健康生活方式。

5.教育扶贫攻坚战

"扶贫必扶智"。[①] 从阻断贫困代际传递角度出发，把发展教育脱贫一批工程推向深入，进一步加强控辍保学工作，全面落实建档立卡贫困家庭学生资助，推进义务教育均衡化发展，打好教育扶贫攻坚战。

（1）实施义务教育均衡发展战略

严格按照贫困县教育退出标准推进贫困县教育均衡发展。2018年以来，稳步提升"三区三州"教育基本公共服务水平，保障义务教育，发展学前教育，实施好"三区三州"现有免费教育政策。审慎开

---

① 中共中央党史和文献研究院：《习近平扶贫论述摘编》，中央文献出版社2018年版，第133页。

展迪庆州、怒江州"9+3"免费教育计划。特别重视加快贫困地区学前教育的发展。加快"一村一幼"工程建设、"班改幼"工作和"直过民族"、人口较少民族聚居区学前教育发展，通过新建、改扩建、共建，确保每个行政村在村委会所在地办好 1 所幼儿园，使适龄幼儿就近就便接受学前教育，有效解放建档立卡贫困家庭青壮年劳动力。

（2）开展"控辍保学"攻坚

2017 年，扎实推进"控辍保学"工作，建立"双线四级"①责任体系，压实各级各部门义务教育法定责任，形成联防联控联保工作机制。突出依法"控辍保学"，创新形成"宣传教育、责令改正、行政处罚、提起诉讼或申请强制执行""四步法"，建立教育部门、学校、村干部、贫困家庭、政府等多主体联防联控联保责任体系，确保义务教育阶段适龄儿童都能够接受义务教育。2017 年劝返义务教育阶段贫困家庭子女 3392 人复学。2018 年共劝返复学建档立卡户学生 3225人。2019 年 9 月到年底，劝返安置辍学贫困家庭学生 2529 人。

（3）完善全学龄段奖补制度

2017 年，出台《关于建档立卡贫困户学生精准资助实施方案和普遍高中建档立卡贫困户家庭经济困难学生生活费补助实施方案的通知》等政策文件，完善从学前教育到高等教育，全面覆盖又突出重点的建档立卡贫困户学生精准资助政策。对建档立卡贫困户家庭经济困难学前教育儿童按每生每年 300 元标准给予助学金资助，并逐步扩大覆盖面。对所有农村义务教育学生按每生每年 800 元标准给予营养改善计划补助；对义务教育寄宿制学校中建档立卡贫困户家庭经济困难寄宿学生按小学每生每年 1000 元、初中每生每年 1250 元标准补助生活费。

---

① "双级四线"：党委政府和教育系统两条线，县、乡、村、组四级。

落实普通高中国家助学金制度。对普通高中建档立卡贫困户学生按每生每年 2500 元标准给予一等国家助学金资助。免除公办学校普通高中建档立卡贫困户学生学杂费。对民办学校，按照当地同类型公办学校免学杂费标准给予补助，学杂费高出公办学校免学杂费标准的部分可以按规定继续向学生收取。从 2017 年秋季学期起，对普通高中全日制在校生中的建档立卡贫困户学生，除享受其他政策外再给予每人每年 2500 元的生活费补助。

落实中等职业教育助学金制度。对中等职业学校全日制在校一二年级建档立卡贫困户学生按每生每年 2000 元标准给予国家助学金资助。对中等职业学校全日制在校建档立卡贫困户学生免除学费。对民办学校，按照每生每年 2000 元标准给予补助，学费收费标准高出 2000 元补助标准的部分可以按规定继续向学生收取。对中等职业学校建档立卡贫困户学生按每生每年 3000 元给予生活费补助，已享受每生每年 2500 元的迪庆州、怒江州中等职业教育农村学生全覆盖生活补助政策的学生不再重复享受此政策。

实施高等教育奖补制度。对普通高校民族预科、本专科、硕士、博士建档立卡贫困户学生按每生每年 3800—13000 元标准给予国家助学金资助。在云南高校就读的云南籍建档立卡贫困户学生优先享受新生入学资助、勤工助学、校内奖学金、困难补助、学费减免等政策。实施学费奖励制度。对建档立卡贫困户学生考取一本院校本科（含预科）的［"直过民族"建档立卡贫困户学生考取专科（含预科）以上的］，按每人每年 5000 元标准给予学费奖励。实施助学贷款政策。建档立卡贫困户学生就读普通本专科（含预科）或研究生的，可分别申请生源地 8000 元、12000 元的信用助学贷款，在校就读期间贷款利息全部由政府贴息。

实施临时教育救助政策。高校建立应急帮扶机制，确保因病、因灾以及突发性事件等导致生活困难的建档立卡贫困户学生及时得到救助，避免因贫失学。

（4）深入推进职业教育对口支援

2017 年，结合实际，将东部职教集团、部分省市人民政府和云南职教集团、云南开放大学、42 所高职院校、28 所国家改革发展中职示范项目学校、56 所国家级重点中职学校（含 26 所中职示范校）列入职业教育结对帮扶协作支援单位，将各州市、县级职业学校（省级重点及以下学校）列入职业教育结对帮扶协作受援单位。通过互派干部挂职，提高中等职业学校管理水平；互派教师，开展交流学习，提升中等职业学校教学能力。通过对口支援，建设了一批骨干专业，提高了职业教育水平。通过扩大招生规模，提高入学比例，增加了贫困家庭"两后生"接受职业教育的机会。

（5）实施倾斜性招生政策

2017 年以来，建立向贫困地区倾斜的招生政策，实施重点高校招收农村和贫困地区学生国家专项计划和云南省地方专项计划、高校专项计划，录取批次单列，专业以农林、水利、旅游、师范、医学以及其他适农涉农等贫困地区急需一本专业为主，增加贫困地区学生接受优质高等教育的机会。

（6）加强毕业生就业帮扶

2019 年以来，及时锁定建档立卡贫困家庭中离校未就业高校毕业生，指定专人全程帮扶。根据就业需求和专业特点，量身定制求职就业计划，实施"一对一"援助，提供有针对性的职业指导、职业培训、就业见习等措施。怒江州、迪庆州等深度贫困地区采取定向招聘、送岗位上门等举措，帮助建档立卡贫困家庭高校毕业生就业，提高已就业贫困劳动力的就业稳定性。

通过开展全方位的扶持，加快了贫困地区教育发展步伐。通过实施奖励补助制度、特殊的招生政策、就业扶持政策等，提高了贫困家庭学生接受优质教育和职业教育的机会，对阻断贫困代际传递起到了决定性的作用。

6. 素质提升攻坚战

素质型贫困是深度贫困地区，尤其是"直过民族"和人口较少民族聚居区致贫的主要原因。云南加快推进"直过民族"和人口较少民族等深度贫困人口普及国家通用语言和常用规范文字步伐，实施青壮年劳动力素质提升行动计划，全力打好素质提升攻坚战。

开展推普活动。自 2016 年开始，以"直过民族"聚居区 45 岁以下不通汉语人群汉语（普通话）劳动力为主要对象，整合投入专项资金，加快普通话推广活动。通过举办"推普脱贫培训班"，对青壮年劳动力进行普通话集中培训，提高普通话使用技能和水平。加强普通话推广方式创新，开发"语言扶贫 APP"，通过手机推广普通话，适应年轻人的生活方式。加强少数民族教师普通话推广培训。自 2018 年开始，启动学龄前儿童推普活动，力争实现具有正常学习能力的 3—6 岁少数民族儿童（以行政村为单位组织实施，不区分贫困家庭和非贫困家庭）在接受义务教育前能够使用国家通用语言进行沟通交流，形成国家通用语言思维习惯。

加强技能培训。2016 年开始，重视贫困家庭"两后生"职业教育扶持，不断扩大招生规模，每年招收 4 万名以上有就读技工院校意愿的建档立卡贫困家庭应、往届"两后生"，确保建档立卡贫困家庭应、往届"两后生"都能免费接受技工教育。同时，积极开展职业培训，每年开展 60 万人次以上的职业技能培训，让每个有劳动能力且有参加职业培训意愿的建档立卡贫困家庭劳动者每年都能够到技工院校及其他培训机构接受至少 1 次免费职业培训，对接受技工教育和职业培训的贫困家庭学生（学员）推荐就业，实现"教育培训一人，就业创业一人，脱贫致富一户"的目标。仅 2019 年 1—12 月就完成 172.90 万人次建档立卡贫困劳动力、28.33 万人次"直过民族"劳动力职业培训；完成贫困劳动力技能性培训 67.41 万人次、"直过民族"技能性培训 12.95 万人次。

7. 危房改造攻坚战

"住房安全有保障"是脱贫出列的重要指标，云南始终把"住房安全有保障"作为脱贫攻坚的重要任务来抓。在推进易地扶贫搬迁工作的同时，打好脱贫攻坚农村危房改造攻坚战，加快"4 类重点对象"农村危房改造进度，并对非"4 类重点对象"中无力自我改善住房条件的农村群众给予支持。通过建立工作机制，完善工作制度，精准锁定对象，完善扶持政策，因地制宜，聚力打好危房改造攻坚战，为建档立卡贫困户等"4 类重点对象"达到基本住房安全有保障奠定坚实基础。

建立工作机制。2016 年，出台《关于加强全省脱贫攻坚"4 类重点对象"农村危房改造工作的意见》《关于推进非"4 类重点对象"农村危房改造的指导意见》，明确脱贫攻坚农危改"安全稳固、遮风避雨"基本标准和"一户一方案"的改造方法。围绕房屋安全等级认定、改造措施、质量管控、验收等环节制定《云南省农村危房认定技术指南》《云南省农村危房修缮加固技术指南》《云南省农村危房修缮加固技术验收指南》《关于进一步加强脱贫攻坚"4 类重点对象"危房改造质量安全管理的通知》《农村危房改造工程竣工验收管理大纲》等技术标准和规范性文件，为打赢危房改造攻坚战提供政策指导、技术规范等，确保工作有序推进。编印通俗易懂的《农村危房改造口袋书》，提供贫困户、基层干部、农村建筑工匠使用。

完善工作制度。建立住建部门厅级领导一对一挂钩联系督导制度。建立省级送技术下乡制度，组织省级技术专家下乡开展帮扶指导。建立问题研判调度制度，每月分析研判工作推进中存在的问题，召开农危改调度会，加强执纪问责。建立县区结对帮扶制度，组织18个已脱贫且农危改工作做得较好的县与18个工作滞后未脱贫摘帽县"一对一"结对帮扶推进农危改工作。建立明察暗访制度，组织由设计、施工、监理和造价等220余名专家组成的11个明察暗访组，开展明察暗访。建立问题清单销号制度，指导州市、县级住建部门围绕重点环节进行全面梳理排查，整改问题，实现问题清零。

精准锁定对象。从2017年起，农村危房改造全部聚焦到建档立卡贫困户、低保户、农村分散供养特困人员和贫困残疾人家庭"4类重点对象"。以县为单位，开展精准识别工作，对县域内"4类重点对象"C、D级危房进行认定。认定工作由县住建部门、扶贫、民政、残联4部门共同比对完成。全面排查"4类重点对象"房屋安全等级认定情况，主要排查"4类重点对象"房屋安全认定牌及非"4类重点对象"中不符合政策扶持范围的5类人员危房"不属于农危改政策扶持户"标识牌贴挂工作落实情况；全面排查非"4类重点对象"无力改造危房户危房改造情况①；全面排查已享受补助再次成为危房的"4类重点对象"危房改造情况，重点排查2017年以前已脱贫户有无仍住在危房中的情况。2018年，组建省、州（市）、县（市、区）专家技术队伍2000余人，加强"4类重点对象"危房认定工作。推广"两牌"贴挂制度。在全面排查中，推广"房屋安全等级认定牌"和"不属于农危改政策扶持户标识牌"的"两牌"贴挂制度。所有建档

---

① 非4类重点对象无力建房户主要是指扣除有安全住房、门面房及其他经营性用房；常年外出务工或经商，农村住房虽为危房，但自身有能力改造而不自己改造的；有家庭成员或户主的父母、配偶、子女为国家公职人员的；购买了价格3万元以上机动车的；在工商部门注册登记公司、企业并实际开展经营活动的；居住在C、D级危房中且自身改造能力不足的农户。

立卡户房屋和其他3类对象改造安全的房屋全面由专业技术人员鉴定，鉴定安全（达到A、B级）后贴挂"房屋安全等级认定牌"；对不属于脱贫攻坚范围，暂时无法改造或拆除的危房（主要是公职人员、已购商品房、一户多宅、常年外出等农户）贴挂"不属于农危改政策扶持户"标识牌。到2020年7月，已贴挂"房屋安全等级认定牌"305.2万块，贴挂"不属于农危改政策扶持户标识牌"33.79万块。

强化政策支持。2017年，"4类重点对象"农村危房改造补助资金按照中央户均1.4万元，省级在中央户均补助标准的基础上予以配套0.7万元执行。2019年开始，对"三区三州"等深度贫困地区四类重点对象，中央在户均1.4万元的补助基础上每户提高2000元、对其他危房户户均补助1万元。严格控制住房面积。"4类重点对象"D级危房拆除重建后的新房建筑面积原则上1至3人户控制在40—60平方米内，且1人户不低于20平方米、2人户不低于30平方米、3人户不低于40平方米；3人以上户人均建筑面积不超过18平方米，不得低于13平方米。兜底解决的特困户，改造房屋的建筑面积按下限标准控制。

加强技术指导。组织熟悉业务的机关干部和省级规划设计单位、建筑施工企业、高校等从事建筑、设计相关专业工程师成立省级农危改专家技术队伍，指导州（市）、县级同时组建专家技术队伍，共组建常态化相对固定专家技术队伍约3000余人，定期开展技术培训，指导帮助州县开展再培训，充实扩大基层技术队伍。2017年至2020年7月，累计培训省、州（市）、县、乡镇、村农危改人员约18万人次（省级通过视频和到州（市）县直接培训约8万人次）。省州（市）县三级专家技术队伍在房屋危险等级、改造方案、巡查、检查、施工、竣工验收等方面给予指导和帮助。

合理控制成本。按照"修缮加固为主"的农危改原则，因地制宜推广修缮加固改造。2017—2020 年 7 月，4 类重点对象农危改修缮加固比例达到 54.42%。鼓励有条件的地方通过建设农村集体公租房、幸福大院、闲置农房置换等方式，兜底解决特困农户的住房安全问题。引导地方统一协调建材采购，加大对提供农村建房用建材的检查和监管力度，组织好供应，控制好质量和价格，避免"地条钢"等不合格建材流向农村，统筹调配使用拆除重建的老旧建材，既降低了改造成本，又保障了建材质量。引导脱贫攻坚期内贫困农房建房先建一层，采取群众乐意接受的"打二建一"① 方式控制新建住房面积，为贫困户预留发展后的建房空间。

注重保留特色。编制《云南省特色民居设计图集》《云南省民居特色风貌提升改造引导图册》《云南省民居建筑特色设计导则》等技术文件，指导农危改与传统民居改造提升有效结合，实现传统民居改造"内部现代化，外观特色化"，提升改造效果。

8. 贫困村脱贫振兴攻坚战

2018 年以来，按照推进脱贫攻坚与乡村振兴有效衔接的思路，打好贫困村脱贫振兴攻坚战。从交通基础设施、饮水安全、农田水利、人居环境四个方面加强贫困村基础设施建设，改善贫困村发展环境，增强贫困村发展后劲。

实施交通扶贫工程。实施建制村通硬化路工程，加快实施自然村通公路工程，优先安排"直过民族"及沿边地区 20 户以上，27 个深度贫困县 50 户以上不搬迁自然村基础设施建设项目，推进乡村公路向村民小组、居民点延伸，有序推进一定人口规模的自然村通硬化路。实施农村客运和物流工程。加快乡镇客运站、村招呼站建设。完善县、乡、村三级物流站网络，推广客运班车代运邮件、快递等农村

----

① "打二建一"：打两层基础，先建一层，待脱贫增收有经济能力后再建二层。

物流组织模式。2020年8月，实现全部乡镇和建制村100%通邮、乡镇100%通客运，有条件的建制村100%通客运的目标。实施农村公路安全生命防护工程。在新改建农村公路中，同步建设交通安全、排水和生命安全防护设施，消除县乡村道路安全隐患。全面实施农村公路、危桥改造工作，重点实施不符合通客车要求的路段拓宽改造或错车改造工程，提高贫困村交通运输服务水平。实施农村公路养护工程。全面落实农村公路养护补助政策，省级财政按照县道每年每公里补助7000元、乡道每年每公里补助3500元、村道每年每公里补助1000元给予经费支持。全面落实县、乡、村三级管理养护责任，实现农村公路有路必养。探索推进农村公路养护市场化改革，加快推进养护专业化进程。

实施农村饮水安全巩固工程。推进农村饮水安全行动，通过新建、配套、改造、升级、联网等方式，全面解决因建设标准低、工程老化、易地扶贫搬迁需配套供水设施、水源枯竭和污染等原因新产生的饮水安全问题，提高农村饮水安全保障水平。

实施农田水利工程。深入推进农田灌溉保障行动，改善农田水利条件，保障贫困人口基本口粮田。水利等部门全面做好12个大型灌区续建、2个大型灌区骨干工程新建、60件重点中型灌区配套和节水改造工程，开展高效节水减排建设，增强农田有效灌溉面积，发展高效节水灌溉技术，提高水利基础设施对贫困地区人畜饮水、农业产业发展等的支撑能力。

实施广播电视信号通达工程。统筹有线、无线、直播卫星三种信号覆盖方式，实施直播卫星户户通、百县万村综合文化服务中心广播器材配置、深度贫困县应急广播体系建设、广播电视无线发射台站基础设施建设、中央广播电视节目无线数字化覆盖、贫困地区县级广播电视播出机构制播能力建设等重点工程，完善农村广播电视现代传输覆盖体系。截至 2020 年 8 月，累计投资 17.06 亿元，8502 个贫困村广播电视信号覆盖率达到 99% 以上。

大力推进人居环境整治工程。实施农村人居环境整治项目，全力推进"厕所革命"，建立农村环境卫生保洁制度，探索推进农村污水处理，为建设生态宜居新村庄奠定基础。

9. 守边强基攻坚战

从地处边疆，边境沿线贫困问题严峻的省情出发，作出打好守边强基攻坚战的战略部署。聚焦沿边 8 个州（市）、21 个贫困县、8 个深度贫困县，实施守边固边工程，通过扎实推进两轮改善沿边群众生产生活条件三年行动计划，打造边民生活有保障、发展有支撑、管理有秩序、守边有动力的抵边新村。

2015 年到 2017 年，启动和实施沿边群众生产生活条件改善三年行动计划，紧紧围绕"五通八有三达到"目标，以沿边 373 个行政村为范围，兼顾 19 个边境农场，扎实推进抗震安居、产业培育壮大、基础设施建设、公共服务提升、村寨环境整治、劳动者素质提高等六项工程 31 个子工程建设。

2018 年，启动实施第二轮《云南省深入实施兴边富民工程改善沿边群众生产生活条件三年行动计划（2018—2020 年)》，以 25 个边境县（市）的 110 个沿边乡镇和 19 个沿边农场为重点，覆盖 878 个行政村（社区）、9424 个自然村，59.4 万户、235.6 万人。进一步加大对边境贫困地区扶贫的力度。

建立抵边贫困村、贫困人口特殊扶持政策。对抵边居住的居民给予边民补助，其中包括贫困人口。对抵边自然村实施特殊的扶持，推进 20 户以上不搬迁自然村道路硬化。同时，积极开展民族特色村、小康示范村建设，加大对抵边贫困村、贫困人口的扶持力度。

通过实施守边强基攻坚战，沿边村寨基础设施建设加快推进，沿边群众生产生活条件得到改善，初步实现了脱贫攻坚与守边固边协调推进的目标，为沿边乡村振兴奠定了坚实基础。

10.迪庆怒江深度贫困攻坚战

从迪庆、怒江贫困程度深的客观现实出发，做出打好迪庆怒江深度贫困攻坚战的战略部署，新增扶贫资金、扶贫项目、优惠政策及帮扶举措进一步向两州倾斜，严格落实公益性建设项目州县零配套政策，以工代赈资金主要用于支持两州脱贫攻坚。

实施特殊扶持政策。实施易地扶贫搬迁特殊的经费保障政策。生态扶贫指标、易地扶贫搬迁指标等向两州倾斜。

加大投入力度。2018—2020年，国家和省级累计投资332.61亿元用于怒江州和迪庆州的脱贫攻坚。2018年起，国家以工代赈项目资金以怒江迪庆为重点，每年安排资金不低于1.5亿元，连续实施3年。

实施十大工程。以补齐"两不愁三保障"短板弱项为重点，结合"十大攻坚战"的推进，在迪庆、怒江实施"十大工程"①，完善贫困县脱贫攻坚项目库，绘制乡镇精准施策线路图，细化村级施工图，聚力打赢迪庆怒江脱贫攻坚战。

通过采取有针对性的帮扶举措，加快了迪庆怒江脱贫攻坚的步伐，有助于如期打赢脱贫攻坚战。通过创新打法，实施"五个一批"工程，打好"十大攻坚战"，在脱贫攻坚中增添了"云南元素"，突出了能力素质、生态、边疆、民族、易地搬迁等特色。

---

① "十大工程"：易地扶贫搬迁、产业就业扶贫、生态扶贫、健康扶贫、教育扶贫、能力素质提升、农村危房改造、贫困村提升、兜底保障、守边强基十大工程。

三、坚持群众主体，激发内生动力

"穷固然可怕，但靠穷吃穷更可怕。"[①]"人穷志不能短，扶贫必先扶志。"[②]"要把激发贫困人口内生动力、增强发展能力作为根本举措。"[③] 在素质提升、教育扶贫的基础上，重点从宣传教育、典型引路、帮扶方式改进三个方面提高贫困群众内生动力。

（一）开展"自强诚信感恩"教育

1.加强宣传教育

2017 年 8 月，印发《关于在脱贫攻坚中深入开展"自强、诚信、感恩"主题实践活动的通知》，督促各地做好"自强、诚信、感恩"教育活动，引导贫困群众艰苦奋斗、自力更生，改变贫困面貌。2018 年，把"自强、诚信、感恩"主题实践活动和弘扬"西畴精神"相结合，因地制宜创办脱贫攻坚"农民夜校""讲习所"等，加强思想、文化、道德、法律、感恩教育。2019 年，在主题教育中突出扶志、扶智。加强教育引导，推动贫困群众移风易俗，养成健康文明生产生活方式。

加强自强教育。正确处理外部帮扶和贫困群众自身努力的关系，

---

① 中共中央党史和文献研究院：《习近平扶贫论述摘编》，中央文献出版社 2018 年版，第 134 页。

② 中共中央党史和文献研究院：《习近平扶贫论述摘编》，中央文献出版社 2018 年版，第 135 页。

③ 中共中央党史和文献研究院：《习近平扶贫论述摘编》，中央文献出版社 2018 年版，第 143 页。

强化脱贫光荣导向。注重培养贫困群众依靠自力更生实现脱贫致富的意识，注重提高贫困地区和贫困人口自我发展能力。通过创作群众喜闻乐见的电视节目、微电影、微视频、民族歌舞、小品等，开展送戏下乡、送电影下乡等活动，组织广大党员干部和驻村扶贫工作队员进村入户宣传积极向上、奋力拼搏、通过辛勤劳动脱贫致富的观念，把"小康是干出来的，不是等靠要来的"意识传递给贫困地区干部群众。在贫困群众中形成力争上游，积极发展的良好氛围。2017年，到 1368 个乡（镇）开展送戏下乡惠民演出 9019 场，观众累计达 1000 余万人次。组织广大党员干部和 3.85 万名驻村扶贫工作队员进村入户宣传 40 余万场次。

开展"三讲三评"活动。2019 年以来，推行以驻村工作队员"讲帮扶措施、评帮扶成效"；村组干部"讲履职情况、评工作成效"；建档立卡贫困户"讲脱贫情况、评内生动力"为主题的"三讲三评"活动，强化驻村干部、村组干部、贫困群众之间的互动，实现思想教育与工作部署"双融合"，不断激发内生动力。

强化诚信教育。通过"道德讲堂"和晒家风、亮家训、比家教等导向鲜明、接地气的活动，树立诚实守信光荣、说假做假可耻的导向，引导广大基层群众诚实守信，摒弃"争穷""守穷"不良倾向。同时，引导自然村修改和完善村规民约，将诚实守信融入村民日常生产生活，设立光荣榜，发布好人好事、脱贫致富先进事迹，设立曝光台公开好吃懒做、争当贫困户、攀比跟风、恶意分户、优亲厚友、脏乱差等行为和陋习。对诚实守信、心怀感恩之心、常为他人办实事办好事的党员和群众，在各类慰问及优惠政策扶持上给予适当倾斜。

开展感党恩教育。把脱贫攻坚与"听党话、感党恩、跟党走"感恩教育有机结合，将党和国家的扶贫政策、帮扶干部的真情投入和扶贫措施带给群众的实惠，通过宣传教育、脱贫户现身说法，触发"知恩感恩报恩"意识、自强意识和对脱贫攻坚的认同。临沧市开展"党的光辉照边疆，边疆人民心向党"主题实践活动，文山州大力弘扬"苦熬不如苦干，等不是办法，干才有希望"的西畴精神，昆明市在3个贫困县开展"讲帮扶措施，评帮扶成效；讲脱贫情况，评内生动力"的"双讲双评"活动。盈江县群众自编自撰《九谢共产党》歌谣表达对党的感恩之情，表达了"感党恩、听党话、跟党走"的意志和决心。

2.选树先进典型

2017年开始，积极培育和发掘自强自立典型，带动更多的贫困户比学赶超。

选树脱贫典型。以县为单位，在脱贫户中，通过评选，对积极向上，通过自身努力实现脱贫的贫困户进行表彰，为其颁发光荣脱贫户牌证。在后续扶持中，对脱贫光荣户给予倾斜，鼓励他们进一步发展，带动其他群众脱贫致富。

开展典型宣传。以村为单位，发布脱贫光荣榜，对通过自身努力实现脱贫的群众给予精神鼓励。通过召开群众大会、民情恳谈会等形式，用身边事带动身边人，用身边人教育身边人，为贫困群众树立"看得见、摸得着"的模范典型，让贫困户学有方向、赶有目标。通过典型引路，激活群众内生动力。

3.改进帮扶方式

2017年以来，转变直接给钱给物的扶贫方式，大力实施参与式扶贫，让贫困群众在脱贫过程中接受市场理念、转变发展观念。2019年，全面推广"以表现换积分、以积分换物品"的"爱心驿站""爱心公益超市"等自助式帮扶做法。对有劳动能力的贫困家庭实行"按劳取酬、优先优酬"，把帮扶资金转化为产业投入、劳动报酬、公益岗位补贴，向广大群众传递积极向上的正确观念，提高贫困群众的内生动力。曲靖市"爱心超市"模式就是贫困群众通过参与村庄公益活动，换取积分和报酬的一种方式。

（二）"富口袋""富脑袋"并重

强调扶贫扶志扶智并重的扶贫理念，结合打好教育扶贫攻坚战，推进"控辍保学"行动。结合素质提升攻坚战的推进，加大职业教育扶持力度，加强贫困家庭劳动力职业技能培训。重视精神文明建设，培养积极向善、健康文明的价值观、人生观。

1.抓实抓好义务教育

结合教育扶贫攻坚战的推进，强化教育扶贫，斩断贫困代际传递。坚持扶贫必扶智的思路，建立从学前教育到高等教育、研究生教育，从义务教育到职业教育等全方位的扶持机制，加快贫困地区教育基础设施建设，促进教育均衡化发展，将"富脑袋"放在脱贫攻坚的核心位置，深入推进教育扶贫，阻断贫困代际传递。其中，最关键的举措是"控辍保学"行动。在常规的控辍保学行动基础上，对身带残疾而无法进入特殊学校学习的适龄儿童实施送教上门服务，确保他们的基本教育权利。

2.加大职业教育扶持

结合教育扶贫攻坚战和素质提升攻坚战的推进，建立职业教育对口支援及兜底招生制度，完善贫困家庭"两后生"职业教育扶持机制，确保有意愿的贫困家庭应往届"两后生"都能接受到良好的职业教育。整合各种职业技能培训资源，以促进贫困劳动力转移就业为重点，大力开展职业技能培训；加大创业培训力度，优化创业服务，改善创业环境，激活创业动力。建立正向激励机制，对表现突出的个人给予激励，引导更多的人向他们学习。

3. 重视精神文明建设

"扶贫既要富口袋，也要富脑袋。"[1] 坚持物质脱贫与精神脱贫并重，重视精神文明建设。通过小广播、挂钩干部入户访谈等方式，加强社会主义核心价值观教育，加大普法力度，开展法制教育，培养积极向上，爱国、爱党、爱家，爱岗敬业，遵纪守法，热爱生活，睦邻友好的价值观、人生观。引导贫困群众改变被动、依赖、观望心理，克服"等、靠、要"思想，形成积极向上的精神面貌。

4. 实施人才扶贫行动

2017 年开始，通过实施"十个一批"人才扶贫行动，为贫困地区提供智力支持。根据专家研究领域和技术特长，组织一批省管专家为贫困地区开展智力帮扶。根据贫困地区经济社会发展需要，每年选派 100 名科技特派员开展创业帮扶。整合优质医疗卫生资源，依托"三级医院对口帮扶贫困县医院""二级以上医疗机构对口支援乡镇卫生院"活动，每年组织 20 个医疗小分队，定向帮扶 20 个县级医院、40 个左右乡镇卫生院，通过医技人才定向服务，帮助基层医疗机构建设一批重点专科，培养一批专业人才。依托教育部门"教师下基层"活动，每年组织 300 名教师成立 20 个小分队，定向帮扶 20 个贫困县，加强技能技术培训和教育扶持。同时，借助已有的人才培养平台，加强贫困地区人才培养；引导一批优秀人才回村、培训一批电商人才、培育一批新型职业农民、培养一批民族民间传统工艺人才、实施特殊招录政策，加强贫困地区人才培养和扶持。

---

[1] 中共中央党史和文献研究院：《习近平扶贫论述摘编》，中央文献出版社 2018 年版，第 137 页。

（三）培育健康文明新风尚

坚持物质文明和精神文明并重的思路，加强健康文明新风尚的培育。2016 年以来，通过移风易俗、革除陋习活动，培育健康文明新风尚；加强自我管理，形成爱护环境、尊老爱幼、邻里和睦的新气象，为广大群众创造一个积极向上、和睦共处的社会环境。2020 年 5 月，出台《关于全面提高农村基层干部群众综合素质增强农村发展动力和发展能力的意见》，聚焦贫困群众健康文明新风尚的塑造。

1. 开展移风易俗活动

推进移风易俗促脱贫行动。构建县乡村三级联动的移风易俗推进机制。以广播电视、互联网、报刊、墙壁绘画、手机等载体，宣传积极向上，通过努力、勤劳致富的实例；宣传村庄通过改变大吃大喝、喜事新办、丧事从俭减少群众开支，实现致富的实例；宣传村庄通过互帮互助，集体维护村庄环境卫生、生态环境，形成良好村风，实现和谐发展的实例。反对铺张浪费，建立相应的奖励制度及特殊的扶持措施，对红白喜事新办等进行奖励。村庄把法治观念、诚实守信、自力更生、革除陋习等要求融入村规民约，大力推广扶贫理事会、道德评议会、红白理事会等做法，倡导新事新办、厚养薄葬，减轻贫困群众人情负担，增加生产性投入。纠正骗取扶持、好逸恶劳、不履行法定义务等行为。

2. 加强文明新风培养

依托村民自治，倡导文明新风尚。倡导卫生健康的生活习惯，摒弃食用野生动物的陋习。深入推进社会公德、家庭美德、个人品德建设，引导贫困群众逐步改变传统思想观念和生活习惯。用群众耳熟能详、喜闻乐见的方式，让文明知识如春风化雨，入脑入心，营造"讲卫生、讲礼仪、讲礼节"的社会风尚。

3. 强化不良风气治理

通过修改和完善村规民约，对村民的行为进行规范。创新治理机制，把网格化管理应用到革除陋习活动中，村干部、党员分片负责引导和监督村民思想观念转变，加强村庄内部不注意环境卫生，乱砍滥伐森林资源，不孝敬老人，以及酗酒、赌博等不良风气的治理。基层党组织通过党员包带制度，向包带对象宣传积极向善的思想观念，促进群众思想观念转变。

通过加强宣传教育，选树先进典型，创新帮扶方式，开展移风易俗活动等，贫困地区广大群众内生动力得到普遍提高，主动参与脱贫攻坚的自觉性极大增强，为打赢脱贫攻坚战奠定了坚实的群众基础。

四、党建扶贫双推进，强化基层基础建设

"扶贫开发，要给钱给物，更要建个好支部。"[1] "农村要发展，农民要致富，关键靠支部。"[2] 把建好基层党支部，推进党建扶贫"双推进"作为脱贫攻坚的重要工作来抓。2016年11月出台《关于切实加强党的基层组织建设全力推进脱贫攻坚工作的意见》，从作用发挥、建设内容、保障措施等方面对基层党组织建设进行了安排。创造性开展"双一双"活动，选准派好第一书记，加强基层党组织建设，提高战贫带贫致富能力。

---

[1] 中共中央党史和文献研究院：《习近平扶贫论述摘编》，中央文献出版社2018年版，第37页。

[2] 中共中央党史和文献研究院：《习近平扶贫论述摘编》，中央文献出版社2018年版，第31页。

（一）深入推进"双一双"活动

2016年开始，在各级党政机关、企事业单位党组织和广大党员干部中推进"挂包帮""转走访"工作，深入开展"机关联系农村基层、党员干部联系贫困群众，机关党支部与贫困村党支部结对共建，基层党建与脱贫攻坚双推进"的"双联系一共建双推进"活动。2018年以来，各级党委（党组）主要负责人带头开展联系活动。

1. 共搭扶贫平台

结对帮扶建平台。39名省级领导挂联4个片区，在42个县建立基层联系点，1349名省直部门及中央驻滇单位领导班子成员建立基层联系点2547个，5391名州市、县（市、区）领导班子成员建立基层联系点9917个。1.36万名领导干部，1.76万个党政机关和企事业单位挂包88个贫困县、8502个贫困村，59万余名干部结对帮扶194.5万贫困户。通过结对挂联，搭建了挂联单位党支部和贫困村基层党组织互助帮扶平台。

帮助加强基层党建。挂联单位党支部协助贫困村基层党组织把农村致富带头人培养成党员，把党员培养成致富带头人，把致富带头人中的党员培养成村组干部，为脱贫攻坚提供人才支撑。指导帮助村党组织坚持和发展党领导下的村级民主决策、民主监督制度，确保扶贫项目顺利实施，扶贫资金使用效益最大化。

推行"支部＋合作社＋农户"做法。挂联单位党支部帮助挂联点探索在农民合作社，种养殖、加工、运输等产业链中建立党组织，实现基层组织体系的有效覆盖，为脱贫攻坚提供组织保证。

协助发展集体经济。挂联单位党支部协助贫困村探索村级集体经济股份制发展道路，完善集体经济创收奖励及分红制度，支持村组开发集体资源、盘活集体资产，不断发展壮大村集体经济。

协同开展产业扶贫。挂联单位党支部发挥单位行业和职能优势，指导挂联点党组织找准自身优势，培育和发展主导产业、骨干产业，促进贫困户增收致富。同时，推动党员群众组成脱贫致富互助组或共同体，把党员带富工作落到实处。

2. 共创培训载体

运用挂联单位教育培训资源，培训结对贫困村支部书记和委员，把书记和班子成员培养成善做支部工作的能手、带领群众脱贫致富的骨干。深入开展"五个一"活动。即共同上1次党课、共同过1次组织生活、共结1批帮扶户、共办1件惠民实事、共同开展1次送温暖活动。通过共同开展"两学一做"学习教育、学习型支部创建等工作，加强党员的学习教育。组织党员干部进村入户、访困问苦，开展实践体验，强化党性锻炼，增进与群众的感情。聚合各类资源和渠道，为结对贫困村党员提供更多的理论学习、法律法规、实用技术培训机会，增强带头致富和带领群众致富的本领。通过共建培训载体，共同打造了一支素质过硬的党员队伍。

3. 共建活动阵地

挂联单位党支部结合职能优势，协调项目、资金，帮助贫困村支部建强活动场所，推进村级组织活动场所的规范化管理和使用，把活动场所与党员学习、为民服务、村民议事、群众娱乐等功能融为一体，最大限度地为群众提供政策咨询、教育培训、矛盾调解、事项代办、文化娱乐等多元化服务。支持党员人数较多的村民小组党支部建设党员活动室。

深化定点扶贫和服务群众工作。挂联单位党支部推动挂联点党组织依托村组活动场所建设为民服务点，落实村组干部轮流值班制度，开展民事代办、费用代缴、便民超市等服务。推动运用网络信息技术，加强乡村综合服务平台建设，拓展服务平台功能，积极开展电商扶贫。

通过开展"双联系—共建双推进"活动，实现了挂联单位和农村基层党组织优势互补、资源共享、互促双赢、共同提高，为打赢脱贫攻坚战，提供坚强的思想、政治和组织保证。

（二）选过硬的人打最硬的仗

打最硬的仗，就要选最能打的人。不断加强贫困村第一书记的选派工作，将善战贫困之人派往脱贫攻坚一线，加强履职管理，交出硬核答卷。

1. 派出善战之人

做好第一书记持续选派工作。2016 年以来，持续加强第一书记选派工作，通过向贫困村选派第一书记，加强贫困村基层党组织建设。第一书记选派本着选最好的人，保持稳定的原则，开展持续选派工作。重点从机关优秀年轻干部、后备干部，国有企业、事业单位的优秀人员和以往因年龄原因从领导岗位调整下来、尚未退休的干部中选派，有农村工作经验或涉农方面专业技术特长的优先。第一书记必须是正式党员，政治素质好，在贯彻执行党的路线方针政策方面优于常人，热爱农村工作，有较强工作能力，善于做群众工作，开拓创新意识强。

抓好回头看和第一书记培训工作。2018 年，专门开展选派工作"回头看"活动。针对少数地方驻村工作队员不足的情况，从省直机关和相关州市抽调 51 名干部，增派充实驻村工作力量。同时，分级对第一书记开展轮训，提升精准扶贫实战能力。2016 年以来，累计派出了 4.47 万人（次）党员干部到贫困村担任第一书记、17.97 万人

（次）干部驻村帮扶，锤炼出一支过硬的脱贫攻坚干部队伍，打造出一支治贫"云岭铁军"。

2.强化履职管理

结合驻村工作队员管理，进一步明确第一书记职责，加强履职包括建强基层组织、推动精准扶贫、为民办事服务、发展集体经济、提升治理水平情况管理。

加强联系群众职责管理。2016 年，出台《云南省村党组织第一书记选派管理办法》，要求第一书记需结对联系贫困户 3 户以上，每季度走访联系户至少 1 次，每年遍访所在村贫困户至少 2 轮、走访其他农户至少 1 次。第一书记每年驻村工作时间 200 天以上。第一书记和工作队员定期开展"大走访"，全面开展"三讲三评"活动。

严格日常工作履职管理。制定第一书记责任清单，将驻村工作任务具体化、明晰化。严格执行召回撤换制度，对第一书记履职情况逐一分析研判，对不胜任、不履职、不尽责的坚决召回，给予相应处理，并追究本人、派出单位和管理部门的责任。仅 2017 年就调整 379 名不称职的第一书记。

3.加强人文关怀

加强对帮扶干部的关心关爱。2019 年以来，全面落实第一书记的待遇保障，强化人文关怀。定期组织第一书记开展健康体检，定期开展走访慰问，经常性开展谈心谈话，落实休假制度。

健全正向引导与容错机制。加大对第一书记的表彰奖励力度，提高工作积极性。健全容错纠错机制，为第一书记创造一个敢干事、能干事的政策和制度环境。加大第一书记的培养使用力度。2016 年 9 月，制定《关于在脱贫攻坚第一线考察识别干部的意见（试行）》，定期开展履职情况分析研判，对履职尽责，能力突出的第一书记给予提拔任用，拓宽他们晋升的渠道。对那些在扶贫中牺牲的扶贫干部，加大抚恤力度，帮助其家庭走出困境。

通过精准选派第一书记，加强履职尽责管理，加强人文关怀，为他们安心工作、放手工作创造了良好的人文环境。

（三）加强基层战贫能力建设

"帮钱帮物，不如帮助建个好支部"。[①] 选优配强基层党组织，持续开展党建主题年活动，建立党员帮带制度，培强集体经济，提高和巩固基层党组织带领群众脱贫致富的能力，努力打造一支永不撤退的"三农"工作队，让广大群众站在家门口就能看到希望。

1.选优配强基层组织

实施"领头雁"工程。2016 年以来，坚持"选拔""培养""管理""激励"并重，提升农村带头人队伍整体素质。同时，实施优秀人才回引计划，加大从退役军人、返乡大学生、外出务工人员、致富带头人中选优配强村党组织书记力度。发挥乡镇青年人才党支部作用，采取示范培训、任职挂职、导师帮带等措施，为每个村培养 2—3 名后备力量。以思想政治素质好、致富带富能力强、服务群众能力强的"一好双强"为标准，选拔政治上靠得住、作风上过得硬、人民群众信得过的带头人担任村党组织书记，并通过法定程序兼任村民委员会主任。

加大教育培训力度。采取省级示范培训、州市重点培训、县级兜底培训的方式，每年把村党组织书记、村委会主任、村务监督委员会主任集中培训 1 遍。对新任的村党组织书记，积极推进县、乡领导班

---

① 中共中央党史和文献研究院：《习近平扶贫论述摘编》，中央文献出版社 2018 年版，第 42 页。

子成员"一对一"帮带，让他们迅速进入战斗状态。

完善人才管理制度。全面建立村（社区）"两委"成员任职资格县级联审常态化机制，全面落实村（社区）党组织书记县级党委备案管理制度，把问题人员挡在"门外"。严格落实"四议两公开"等民主议事制度，健全完善村级小微权力清单，加强村干部日常管理监督，依法依规开展工作。

2. 加强组织阵地建设

2016—2020 年，连续实施了基层党建"推进年""提升年""巩固年""创新提质年"和"智慧年"。2020 年，采取"项目化＋清单式"的方式，把抓党建促决战决胜脱贫攻坚作为基层党建工作重点任务推动落实。

开展阵地标准化建设。持续推动健全基本组织、基本队伍、基本活动、基本制度、基本保障活动。2016 年，按照每个贫困村每年不低于 10 万元的标准，加大村级组织运转经费保障。在建制村活动场所全覆盖的基础上，积极推进村民小组活动场所建设。筹资 9000 万元，支持 25 个边境县贫困村建设 1200 个村民小组活动场所。2017 年，筹集 5.69 亿元专项资金，整合项目资金 12.12 亿元，建设村民小组活动场所 25981 个，其中 88 个贫困县建设村民小组活动场所 21886 个。

拓展组织阵地服务功能。2017 年，出台《云南农村电子商务进平台抓党建促脱贫攻坚工作实施方案》，成立由省委组织部、国资运营公司和中国电信云南公司组成的项目组，推动农村电子商务进平台全覆盖，将综合服务平台与"淘宝云南馆""淘工网""乡街子""彩云优品"等电商平台对接，助推脱贫攻坚。

积极开展专项整治活动。2018 年，全面开展基层党组织软弱涣散和党员"双带"能力不足专项整治。由县级领导带队，逐村进行软弱涣散村党组织排查，采取县级领导包村、乡镇领导联村、第一书记驻村、县直部门结对的方式，集中整顿村（社区）党组织，推动贫困村党组织晋位升级、达标创建。

深入推进万名党员进党校活动。通过实施万名党员进党校活动，分批次对贫困村党员进行社会主义核心价值观、带贫能力等培训，提高农村党员服务脱贫攻坚的意识。

3. 加强战贫能力培训

开展基层扶贫工作人员战贫能力全覆盖培训。结合"万名党员进党校"活动、驻村工作队轮训、村"三委"成员培训，持续开展基层扶贫干部战贫能力培训。尤其是 2020 年 4 月 27 日，举办脱贫攻坚实战能力提升视频培训班，省级有关部门领导，16 个州（市）、122 个有脱贫攻坚任务的县（市、区）相关负责人，乡镇、村（社区）干部，第一书记、驻村工作队员五级扶贫干部共 18.12 万人同时在线"充电"学习。培训从中央脱贫攻坚专项巡视"回头看"反馈问题、脱贫攻坚成效考核指出问题和脱贫攻坚问题大排查专项行动发现问题整改等方面入手，从"深化抓党建促决战决胜脱贫攻坚，不断提高三个组织化水平"入手，聚焦 9 个未摘帽县开展"送教下乡"，统筹疫情防控和干部教育培训工作需要，探索推行移动课堂、云课程、远程教学、大讲堂等多种形式。抓好新选派驻村干部和新上任乡村干部的全覆盖轮训。提高脱贫攻坚清扫战场、打扫战场的能力。

4. 健全党员帮扶制度

基层党员一直是带领农村群众脱贫致富的主要力量。加强政策支持，推进制度创新，组织结对帮扶，发挥基层党员帮扶作用。

加强党员帮带扶持。2016 年以来，坚持"党建带扶贫、扶贫促党建"，按照"强组织、兴产业、富百姓、重实效"的思路，加强贫困地区党员教育管理，发挥党员带头致富、带领群众致富作用，实施"基层党员带领群众创业致富贷款"，支持党员致富带富。对农村党员创业支持力度，通过领办创办专业合作社、农业庄园、种养协会等，带动贫困群众脱贫致富。

实施党员帮带积分制管理。2016年以来，全面推行党员积分制管理，开展农村党员设岗定责、承诺践诺、志愿服务活动，把党员在脱贫攻坚中作用发挥情况，作为积分重要内容，引导党员争做带头致富的先锋、带领致富的模范。

组织党员结对帮扶。2015年以来，组织引导有帮带能力的党员结对帮扶贫困户，通过"一帮一""一帮多"等形式，从思想观念、生产方式、生活习惯等方面带动贫困群众，改变落后生产方式和生活习惯，培育文明健康、积极向上的社会新风尚，激发贫困群众自主脱贫的内生动力。

加强引领脱贫攻坚"三个组织化"建设。加大在龙头企业、专业合作社、产业协会、易地扶贫搬迁点、外出务工人员集中地组建党组织力度，确保党的组织和党的工作全覆盖。仅2019年就下拨省管党费5260万元，对16个州（市）的2442个易地扶贫搬迁安置点党组织开展活动进行补助。

5. 培育壮大集体经济

结合基层党组织建设，培育壮大集体经济，巩固脱贫成果，助农脱贫增收。

推广强基惠农"股份合作经济"。2016年开始，全面推行"党支部+"引领产业发展，大力推行"党支部+公司（企业）+合作社+贫困户""党支部+合作社+贫困户"等模式，推广"党支部+电子商务"模式，鼓励支持农村基层党组织、党员骨干参与电商创业，仅2016年就有6670个村党组织牵头创办网店，实现农村劳动力、特色农产品、乡村旅游等网上推介营销。

推进扶贫措施与集体经济协同发展。将第一书记职责与发展壮大集体经济挂钩,推动光伏扶贫项目投资形成的资产股份化,用于资产收益扶贫,增加集体收入。在生态扶贫、企业帮扶等实践中,强调集体经济发展的重要性。创新生态扶贫支持方式,以集体林地、坡地为资产,参与当地水电、矿产、地下水资源的开发,按照占股比例进行分红,用于当地贫困户脱贫和改善基础设施建设等。探索以资源有效利用、提供服务、物业管理、以混合经营为主要内容等四种类型的集体经济发展模式,培育和壮大集体经济,提高基层党组织带贫战贫能力。

推动村级集体经济发展试点工作。2018 年以来,财政、组织、农业农村部门联合推进集体经济发展试点工作。试点以县(市、区)为主,每个试点县(市、区)单个项目投资规模不低于 10 个行政村。通过试点,为贫困村集体经济发展探路。仅 2018 年,就协调财政投入 4.5 亿元,实施扶持发展村级集体经济试点县和村级"四位一体"①试点项目,支持贫困村发展村级集体经济。

通过深入开展"双一双"活动,精准选派第一书记,加强贫困村基层组织建设,贫困村基层党组织带贫战贫能力得到了极大提高,真正发挥出脱贫攻坚的领导核心作用,在帮带贫困户、发展集体经济等方面发挥了重要作用。

建立健全精准扶贫精准脱贫制度体系,从边疆、民族、深度贫困等特征出发,创新打法,实施好"五个一批工程",打好"十大攻坚战",使脱贫攻坚有了具体抓手。抓住贫困的主要矛盾,注重提升贫困群众内生动力,强化基层党组织建设,提高了贫困地区自我发展能力。配合各项工作的推进,对"直过民族"和人口较少民族聚居区、迪庆怒江、昭通市、边境地区等深度贫困堡垒聚焦开展歼灭战。

---

① "四位一体":提升农村人居环境、扶持村级集体经济发展、提高农村公共服务水平、支持农村基层组织建设。

第 三 章

打赢深度贫困歼灭战

2017 年 6 月 23 日，习近平总书记在深度贫困地区脱贫攻坚座谈会上指出："攻克深度贫困堡垒，是打赢脱贫攻坚战必须完成的任务"①，由此开启了深度贫困地区歼灭战。云南共有 27 个深度贫困县、307 个深度贫困乡、3539 个深度贫困村。332 万贫困人口中有 211.5 万人生活在深度贫困地区。云南省委、省政府始终把深度贫困地区作为脱贫攻坚的主战场，各种帮扶举措、资源向深度贫困地区聚焦，围绕打好"十大攻坚战"，创新帮扶举措，有效推进 11 个"直过民族"和人口较少民族脱贫攻坚，逐一攻克迪庆怒江、昭通市、边境地区等深度贫困堡垒。

---

① 习近平：《在深度贫困地区脱贫攻坚座谈会上的讲话》，人民出版社 2017 年版，第 1 页。

一、攻克"直过民族"和人口较少民族 深度贫困堡垒

11个"直过民族"和人口较少民族集中分布在高山深谷，长期处在封闭状态，社会发育程度低，社会生产滞后、基础设施薄弱、生产生活方式粗放，群众市场意识、积累意识、扩大再生产意识淡薄，内生动力不足，发展能力弱，贫困程度深，脱贫难度大，致贫返贫风险高。2017年还有642个贫困村、70.27万建档立卡贫困人口、贫困发生率高达23.23%，其中独龙族、怒族贫困发生率高达35%以上，傈僳族、拉祜族、景颇族、佤族、普米族贫困发生率均在20%以上，且傈僳族、拉祜族贫困人口均超过10万人。云南集中力量打好"直过民族"和人口较少民族贫困歼灭战。

（一）兑现"一个都不能少"的承诺

"全面实现小康，少数民族一个都不能少，一个都不能掉队。"[1]针对特殊的贫情贫困及发展环境，坚持先行攻坚，采取超常规举措推进脱贫攻坚工作。

1.坚持先行脱贫攻坚

"弱鸟可望先飞"[2]，短板必须先行。始终把"直过民族"和人口

---

① 中共中央党史和文献研究院：《习近平扶贫论述摘编》，中央文献出版社2018年版，第6页。

② 中共中央党史和文献研究院：《习近平扶贫论述摘编》，中央文献出版社2018年版，第135页。

较少民族的脱贫摆到脱贫攻坚的突出位置，聚力攻克深度贫困堡垒。

集中力量开展先行攻坚。把"直过民族"聚居区作为建设民族团结进步示范区的重中之重。依托民族团结进步示范区建设项目，加大对"直过民族"和人口较少民族扶持力度。打造有特色、产业强、环境好、民富村美人和谐的民族示范村镇，凸显示范创建工程助推脱贫、服务大局的定位和作用。

坚持扶贫项目优先安排、扶贫资金优先保障、扶贫工作优先对接、扶贫措施优先落实，制定实施《云南省全面打赢"直过民族"脱贫攻坚战行动计划（2016—2020年）》。统筹专项、行业、社会扶贫资源，整合扶贫、发展改革、教育、交通等20个行业部门项目资金，集中投入426亿元，着力实施能力素质提升、劳务输出、安居工程、特色产业培育、基础设施改善、生态环境保护6大工程25类项目。

2."一族一策、一族一帮"

"对'直过民族'地区……工作要因地制宜。"[1] 坚持因地制宜、因族施策，根据11个"直过民族"和人口较少民族不同文化传统、地域特征和发展差异，分别制定精准扶贫方案，深入推进组织领导、规划计划、资金投入、项目安排、政策举措、力量配置"六个倾斜"特殊举措。推动大企业集团对口帮扶，创新实行"一个民族一个行动计划、一个集团帮扶"的攻坚模式。

实施因族而异的扶持办法。突出产业特色，分别制定实施11个民族扶持方案。独龙族重点发展草果、重楼等特色种植业，发展独龙江特色旅游业。基诺族大力发展茶叶、橡胶、水果等特色产业和旅游业。德昂族重点发展澳洲坚果、水果种植，深入挖掘和开发以酸茶为

---

[1] 中共中央党史和文献研究院：《习近平扶贫论述摘编》，中央文献出版社2018年版，第79页。

代表的特色文化产品。阿昌族着重发展烤烟、蔬菜等特色种植业，加强民族特色手工艺旅游产品开发。布朗族突出茶产业的增收作用，大力发展民族特色旅游。普米族以发展花椒、中草药等种植业和黑山羊等畜禽养殖为主。景颇族重点发展澳洲坚果和热区作物种植，开发民族文化旅游。佤族开展茶叶、橡胶、核桃提质增效，加快坚果、食用菌、中草药等特色种植业发展。拉祜族以发展多样化特色种植业，开发林下产品和民族特色旅游为主。怒族在强调草果、野生菌等特色种植业和特色旅游业的同时，以易地搬迁为契机，加大劳务输出。傈僳族以特色种植和特色旅游为重点，并结合易地搬迁和生态扶贫打好就业扶贫攻坚战。通过实施因地制宜的特色扶持计划，为"直过民族"和人口较少民族精准扶贫找准方向。

3. 聚力推进脱贫攻坚

重视专项扶贫、行业扶贫、社会扶贫"三位一体"大扶贫格局建设，健全社会参与机制。

中央定点扶贫集中发力。国务院扶贫办、国家发展改革委、教育部、交通运输部、水利部、国家林草局、中央统战部、全国工商联等中央定点帮扶单位加大对易地扶贫搬迁、教育、交通、农田水利、生态扶贫等方面的扶持力度。

沪粤加大对口帮扶力度。上海市在率先对德昂族、独龙族开展整族帮扶基础上，实现对"直过民族"聚居区扶贫协作全覆盖。广东省对怒江州4个贫困县开展扶贫协作，累计投入协作资金5亿多元。

国有大中型企业倾力帮扶。国有大中型企业集团倾力帮助8个"直过民族"和人口较少民族聚居区43万贫困人口。2016年3月，三峡集团启动怒族、普米族、景颇族3个人口较少民族帮扶行动；2016年6月，华能集团开始帮扶佤族、拉祜族脱贫；2016年9月，大唐集团帮扶傈僳族、云南中烟工业公司帮扶布朗族、云南烟草专卖局帮扶阿昌族全面启动。每年至少召开 1 次贫困地区与企业集团的联席会议，总结经验，分析问题，研究解决帮扶中的困难和问题。

（二）着力实施"六大工程"

1. 提升能力素质

"扶贫必扶智，治贫先治愚。"[1] 采取综合措施提高贫困群众能力素质。

深入推进教育扶贫。深入实施雨露计划，对初、高中毕业后未能升学，有培训和就业愿望的贫困家庭学生实行 100% 的职业技能培训，并积极推荐就业，确保贫困户户均有 1 人接受职业教育或技能培训。加强乡村教师队伍建设，大力开展教师、校（园）长培训。"特岗教师"指标优先满足"直过民族"聚居区需求，鼓励和吸引云南省内其他地区的教师到"直过民族"聚居区支教。

实施推广普通话及素质提升工程。2016—2020 年 8 月，累计投入资金近 4661 万元，开展 45 岁以下劳动力普通话培训工作。加强少数民族教师普通话培训，开展普及普通话示范村创建工作。通过典型引路，形成主动学习普通话的大环境。大力推广国家通用语言文字，实现学前教育阶段基本普及 2 年"双语"教育，义务教育阶段全面普及"双语"教育。

2. 组织劳务输出

加强职业技能培训。以就业创业为导向，组织中等职业学校、高职院校、培训机构，开展 25—45 岁的劳动力职业技能培训。围绕产

---

[1] 中共中央党史和文献研究院：《习近平扶贫论述摘编》，中央文献出版社 2018 年版，第 137 页。

业发展，对45岁以上的劳动力开展农村种养殖实用技术免费培训，确保贫困户户均至少有1人掌握实用技术。

推动劳动力转移输出。完善州（市）、县（市、区）、乡（镇）农村劳动力创业服务体系，引导就地务工和向云南省外、境外输出劳动力。对贫困家庭劳动力跨省、跨境务工给予交通补助。采取对口组织的形式，安排县乡村干部带队，进行规模化输出，提高劳务输出的组织化程度。

3.实施安居工程

实施易地扶贫搬迁。坚持"应搬尽搬"，"以业定迁、以岗定搬"，将易地扶贫搬迁与城镇化建设紧密结合，不断提高城镇化安置率。加大产业扶持和就业创业扶持，改善基础设施和公共服务，确保搬得出、稳得住、有事做、能致富。怒江州10万搬迁人口中大多数是"直过民族"和人口较少民族。

推进脱贫攻坚农村危房改造。坚持落实"一户一改造方案"，大力推行加固改造方式，加强全过程监督管理，确保了"4类重点对象"危房户、"非4类重点对象"无力改造危房户农村危房改造任务完成。

4.培育特色产业

加强经营主体扶持。加大农业龙头企业、专业合作组织、特色种养殖大户扶持，建立贫困户与各类经营主体之间的利益联结机制，促进贫困户脱贫增收。

加大旅游开发力度。围绕自然资源、人文资源和特色农业资源，依托国家公园和大型景区建设，打造了一批精品旅游线路。积极发展民族文化、生态环境、边境口岸、休闲养生等特色旅游，加大建设民族团结示范乡（镇）、村力度。

5. 改善基础设施

加大交通、水利、电力、通信、网络等基础设施建设力度，改善群众生产生活环境。截至 2019 年，共建设村组道路 8444 公里，完成饮水安全巩固提升工程 608 个、小型农田水利专项工程 2339 个、小型水库建设 130 个，建设互联网基础设施 3514 个、乡镇就业和社会保障服务站（点）83 个、社区卫生服务中心（所）52 所、乡镇卫生院（所）35 所、农村居家养老服务中心 194 个和村级社区服务站 131 个，村庄环境整治 493 个，"直过民族"聚居区 604 个贫困村全部实现通硬化路、生活用电、动力电、光纤、宽带，全部建成标准化卫生室、"云岭先锋"为民服务站、活动场所等。

6. 保护生态环境

大力推进生态修复工程。实施退耕还林还草、陡坡地生态治理和生态修复工程。控制开发强度，加强生物多样性保护，大力实施天然林保护工程。协同推进就业帮扶与生态扶贫，开发生态公益岗位，优先在"直过民族"聚居区贫困家庭选聘生态护林员，促进稳定脱贫。

（三）"整族脱贫"逐一实现

经过努力，"直过民族"和人口较少民族以"整族脱贫"为特点，逐一实现脱贫目标。

各族群众有序脱贫。2019 年 4 月，独龙族、基诺族、德昂族率先实现整族脱贫；2020 年 3 月，阿昌族、布朗族、普米族、景颇族、佤族、拉祜族实现整族脱贫；2020 年 6 月，怒族、傈僳族贫困人口达到脱贫标准。至此，11 个"直过民族"和人口较少民族摆脱了困扰千年的贫困问题。

生产生活条件发生巨变。"直过民族"和人口较少民族聚居区水、电、路、通讯及互联网等基础设施得到了全面改善。困难群众全都住进了安全稳固的住房，喝上了洁净的自来水。义务教育全覆盖目标全面实现，职业教育发展步伐加快，贫困群众基本医疗得到保障。

社会发育状况极大改善。贫困群众综合素质和内生动力得到提高，加快融入现代文明社会，易地扶贫搬迁城镇安置群众实现了从农耕文明直接过渡到现代文明的历史性进步，群众喜称为第二个"千年跨越"。

二、攻克迪庆怒江深度贫困堡垒

迪庆藏族自治州和怒江傈僳族自治州地处高原冷凉、高山峡谷地区，地理环境特殊、生产发展条件差；经济发展起点低、社会发育程度不高，边境、民族、宗教、贫困交织叠加，致贫原因复杂，脱贫攻坚的难度和艰巨性在全国罕有。2017 年，两州 7 县均是集中连片特殊困难地区、深度贫困县，有 281 个深度贫困村，6.5 万户 24 万人贫困人口，贫困发生率高达 33.33%，是决胜脱贫攻坚"控制性节点"。云南强化组织、政策、资金、力量"四个倾斜"，推动沪滇粤滇扶贫协作、中央单位定点扶贫、军队和武警部队扶贫重心聚焦倾斜，组织民营企业开展"万企帮万村"精准扶贫行动，强化昆明、玉溪、曲靖等相对发达地区结对帮扶，聚力攻克"坚中之坚"。

（一）全力攻克"坚中之坚"

高位推动，建立省级、州级主要领导分别挂联贫困县，县级主要领导挂联深度贫困村，乡镇设立脱贫攻坚作战室，县乡两级主要领导进村入户靠前指挥的组织管理体系。细化行动方案，实施特殊倾斜政策，加强人才支持。

1.细化脱贫行动方案

按照"五个一批"要求，锁定贫困对象，以脱贫攻坚规划为引领，建立和完善县级脱贫攻坚项目库。根据致贫原因、脱贫需求，制定帮扶措施，落实帮扶责任人，形成村级脱贫攻坚施工图、做细乡级脱贫攻坚路线图、完善县级到村到户到人精准施策项目库。全力抓好资源精准配置和项目落实，提高脱贫攻坚质量和水平。

2.加大资源投入力度

保持《迪庆藏区脱贫攻坚三年行动计划》《怒江州脱贫攻坚全面小康行动计划》中省级投入资金规模不变，并给予重点支持。2018年以来，按照《云南省全力推进迪庆州怒江州深度贫困脱贫攻坚实施方案（2018—2020年)》要求，新增省级财政专项扶贫资金、涉农资金向两州倾斜。加大以工代赈支持力度。沪滇、粤滇帮扶协作资金和集团帮扶资金优先安排。严格落实公益性建设项目取消县级和州级配套资金政策。

3.实施特殊倾斜政策

实施特殊的易地扶贫搬迁项目经费管理政策，允许按照不超过工程项目国家下达资金总额2.5%的比例列支安置区地质勘查、工程设计、技术指标、工程监理等前期工作费。实施特殊的产业扶持政策，对以合作社方式发展村集体经济的村委会或发展特色种植业、养殖业的村小组，分别给予每个村100万元、50万元以内资金扶持。实施特殊的退耕还林补助政策，在落实国家退耕还林每亩补助1600元政策基础上，省级财政扶贫资金对贫困户退耕还林每亩再补助1400元。

实施特殊土地支持政策。旅游项目开发、光伏方阵建设等非永久性设施使用非永久基本农田的可不改变原用地性质，按现用途管理。

支持开展城乡建设用地增减挂钩，允许增减挂钩节余指标跨省域调剂，收益主要用于支持脱贫攻坚和乡村振兴工作。创新和放宽建设用地使用方式，探索农村集体经济组织以出租、合作等方式盘活利用空置农房及宅基地。通过村庄整治、宅基地整理等节约的建设用地，鼓励采取入股、联营等方式，重点支持农村新产业新业态和农村一二三产业融合发展。实施特殊的土地使用审批制度，涉及农用地转用和土地征收的，在做好依法补偿安置前提下，可边建设边报批；涉及占用耕地的，允许边占边补。省级以下基础设施、易地扶贫搬迁、民生发展等建设项目，确实难以避让永久基本农田的，可以纳入重大建设项目范围，由省级自然资源主管部门办理用地预审，并按照有关规定办理农用地转用和土地征收。

4. 加强干部人才支持

"贫困地区最缺的是人才"①。采取引进、培养相结合的方式，破解"人才荒"。

加大人才引入力度。采取降低分数线、放宽资格条件等措施降低公务员考试录用门槛。同等条件下，优先安排公务员招录指标。采取提高试用期待遇、增加基层工作津贴等方式吸引外地人才。在怒江州实施教师和医生艰苦边远地区津贴、乡镇工作补贴。在迪庆州实行藏区干部职工工资收入水平不低于省会城市同职级干部职工、高海拔地区折算工龄补贴等倾斜政策。调整乡镇工作补贴水平，向条件艰苦的偏远乡镇和长期在乡镇工作的人员倾斜。在同等条件下优先安排乡镇工作人员职称评定和晋级。除仅限基层有效的职称外，在艰苦地区工作满五年的职级和职称随人带走。在定向招录高校选调生工作中，给

---

① 中共中央党史和文献研究院：《习近平扶贫论述摘编》，中央文献出版社 2018 年版，第 52 页。

予优先安排，同时根据需要增加名额。

加强本地人才培养。通过政策辅导、经验分享、党性教育、现场观摩等方式，加大县乡村干部培训力度，强化干部思想政治意识，提高综合素养和脱贫攻坚工作能力。依托有条件的高职院校、农业学校、职业高中，建立人力资源开发示范基地，举办培训班、"订单式"培养农业科技骨干。依托云南农村干部学院，每年分期分批分类培训县（市）直属扶贫或涉农部门干部、乡镇干部，示范培训村干部、大学生村官和产业发展人才。支持云南开放大学、滇西应用技术大学、州属中职学校与州、县属职业高中、职业学校等积极开展校地合作，以合作办学、开办分校（院）、合作办班等形式开展"五年制大专""开放教育"和"中职教育"，加强基层专业人才培养、培训。

（二）全面实施"十大工程"

结合"十大攻坚战"的推进，在迪庆州、怒江州全面推进"十大工程"。

1. 易地扶贫搬迁工程

全力解决搬得出问题。创新易地扶贫搬迁安置方式，把易地扶贫搬迁与新型城镇化建设和实施乡村振兴战略等有机结合起来，采取新村建设、进镇、进城等多种安置方式。在广泛动员、群众自愿的基础上，对符合搬迁条件的建档立卡贫困人口实施易地扶贫搬迁，做到"应搬尽搬"。在抓好原"十三五"易地扶贫搬迁计划的基础上，抓好新增1.85万户6.88万人搬迁工作，累计搬迁贫困人口109333人。2020年2月，怒江州针对仍有20%贫困户没有实现搬迁的现实，派出由1006名党员干部组成的"背包工作队"开展上山入户动员。队员们自带背包打地铺，用心用情用理打动了贫困户，实现了"不少一户、不少一人"的誓言,谱写了新时代的"背包精神"。

配套推进稳得住工作。加快打通六库至兰坪、六库至腾冲、六库至片马等公路,为贫困人口搬迁进城、进镇安置和劳动力充分就业创造良好条件。将安置区交通、电力、水利、教育、卫生等设施,以及农贸市场、农村社区综合服务等设施建设规划,统筹纳入"贫困村提升工程"统一规划、统一实施、统一检查、统一验收。采取发展特色种植业、养殖业、城乡公益岗和县内就近转移就业、省内县外转移就业、省外转移就业等措施,强化就业扶贫和东西部扶贫劳务协作,着力解决搬迁人口就业问题。加强搬迁后续扶持,怒江州制定《怒江州易地扶贫搬迁后续保障 20 条措施》,就经营好迁出地的承包地、山林地、宅基地,统筹好搬迁群众的就业、就学、就医,衔接好搬迁群众的低保、医保、养老保险政策,建设好安置区的经营性场所、农耕场所、公共服务场所,建立好安置区的集体经营、社区管理、跟踪服务机制,解决好搬迁群众的户口、房产和安置区集体财产等 20 个问题做了详细安排。

2.产业就业扶贫工程

通过发展产业,转移就业,为贫困群众脱贫增收奠定基础。采取"党支部+龙头企业+合作社+贫困户""合作社+贫困户"等经营模式,促进农业产业化发展。设立产业投资基金,加大招商引资力度,吸引各类企业从事产业开发。大力发展特色种植业、特色养殖业、加工储运业等,促进企业增效、财税增收、农民致富。启动大滇西旅游环线建设,加大旅游扶贫开发力度。通过产业扶贫,使80%以上建档立卡贫困户获得 2 至 3 个增收产业项目覆盖,让5.4 万户19.2 万建档立卡贫困人口直接受益。

3.生态扶贫工程

牢固树立和践行"绿水青山就是金山银山"的理念,实施生态工程，选聘生态护林员达4万名，有生态公益岗位的家庭占总贫困家庭的比例达到61.54%。落实生态补偿，发展国家森林公园生态旅游。

4. 健康扶贫工程

加强医疗机构标准化建设。2016年以来，不断加大资金倾斜力度，支持县乡村三级医疗卫生机构建设，实现县乡村三级医疗机构全部达到贫困退出基本标准和脱贫成果巩固要求。

实施特殊扶持举措。整合资金，帮助贫困人口100%参加基本医保。制定《建立共同推进机制坚决打赢迪庆州、怒江州健康扶贫攻坚战的意见》，组织省内三甲医院开展"组团式"帮扶州、县两级医院。

加强传染病、地方病防治。加大结核病、病毒性肝炎、艾滋病、包虫病、碘缺乏病、燃煤污染型氟中毒、饮水型地方性氟（砷）中毒等疾病防控力度。

实施分类救治策略。采取大病集中救治一批、慢病签约服务管理一批、重病兜底保障一批等措施，有效解决6200户24000建档立卡贫困人口因病致贫返贫问题。

5. 教育扶贫工程

强化资金保障，教育增量资金主要用于满足建档立卡2.75万户贫困家庭子女受教育需要，实施14年免费教育。加强师资力度建设。着力开展学前教育、义务教育、普通高中教育、职业教育和教师队伍建设，提高教育教学质量和水平。采用"四步法"，强化依法"控辍保学"。通过实施教育扶贫工程，0.3万户1.24万人因学致贫建档立卡贫困人口直接受益，没有一个学生因家庭经济困难而失学。

6. 能力素质提升工程

推广普及国家通用语言和常用规范文字，打通语言障碍。仅怒江州就完成4万"直过民族"和人口较少民族群众普通话培训。开展实用技能培训，对有劳动能力的适龄贫困人口开展1次以上的技能培训，提高他们的能力素质，确保建档立卡贫困劳动力 100%获得岗位推荐就业服务，50%以上贫困劳动力实现转移就业。

7. 农村危房改造工程

省级农村危房改造任务和资金安排向迪庆州、怒江州倾斜，全力推进应改尽改。安排省级专家队伍多次赴当地帮助指导督促农危改工作。统筹推进特色村寨、特色民居建设，同步改厕、改圈、改院，提升农村人居环境。在住建部、国务院扶贫办 2020 年 6 月底组织的脱贫攻坚建档立卡贫困户住房安全有保障核验工作中，8.89 万户建档立卡贫困户基本住房安全得到了有效保障，通过农村危房改造解决了 3.34 万户建档立卡贫困人口基本住房安全保障问题。

8. 贫困村提升工程

加强贫困村村组道路、饮水安全、小型农田水利设施、人居环境、党群活动场所等建设，全面改善 281 个深度贫困村的基础设施条件。支持怒江州、迪庆州分别实施 16 项、12 项广播电视公共服务提升工程项目，到 2020 年 6 月，两州广播电视覆盖率超过 99%，达到广播电视行业扶贫标准。全力改善 6.5 万户 24 万建档立卡贫困人口人居环境条件，加快贫困地区和贫困村精神文明、物质文明和生态文明建设，切实解决贫困人口最急需的困难问题。

9. 兜底保障工程

加大农村低保家庭中的老年人、未成年人、重度残疾人和重病患者等的救助力度，采取多种措施提高救助水平，保障基本生活。同时，加强农村特困人员供养服务设施建设，提升农村特困人员供养机构兜底保障能力。在贫困村实施居家养老和集中供养为主的养老行动，加快建设农村养老服务中心，为做好留守老人照料服务和贫困村老年人生活提供便利。建设残疾人托养服务中心，为智力、精神和其他重度残疾人提供基本生活照料服务。对有劳动能力和就业意愿的残疾人开展生活技能训练、职业康复、职业培训与教育、就业前训练等服务，组织残疾人从事简单生产劳动，并为其提供相应的文化教育和休闲娱乐活动的场所。通过兜底保障，解决了 0.8 万户 2.8 万建档立卡贫困老人及五保户、残疾人、重病患者等居家养老及医疗保障问题，分别占两州贫困户数和人口数的 12.31% 和 11.67%。

10. 守边强基工程

依托"兴边富民工程改善沿边群众生产生活条件三年行动计划"，在怒江州实施守边强基工程，集中力量改善沿边贫困群众生产生活条件，有效改善抵边 697 个自然村 8.01 万抵边群众生产生活条件，让1.06 万户 3.7 万建档立卡贫困人口脱贫，打造了一批边民生活有保障、发展有支撑、管理有秩序、守边有动力的抵边新村。

（三）确保如期"脱贫摘帽"

迪庆州发扬"缺氧不缺精神，艰苦不怕吃苦，海拔高斗志更高"的工作精神，奋力带领贫困群众实现"两不愁三保障"。2018 年，香格里拉市和德钦县在全国"三区三州"深度贫困县中率先实现脱贫摘帽，2019 年，维西县脱贫摘帽，迪庆州实现整州脱贫。截至 2020年 6 月，贫困人口由 2015 年末的 19553 户 74139 人，减少至 508 户1579 人；贫困发生率由 24.95% 下降到 0.53%，147 个贫困村全部出列。

怒江州发扬"缺条件，但不缺精神、不缺斗志"的精神和"苦干实干亲自干"的作风，破解发展中的交通瓶颈，改变过去内联不通，外联不畅的局面。通过实施易地扶贫搬迁，将 10 万群众搬出大山，实现了从穷窝穷业到安居乐业。实施产业、就业、社会保障多元化综合扶贫措施，农村常住居民人均收入从 2012 年的 2773 元提升到2019 年的 7062 元，年均增长 11.1%，增速比全省平均水平高出 1.5

个百分点。通过易地扶贫搬迁和生态扶贫，生态环境状况位居云南前列，贡山县成功创建国家级"绿水青山就是金山银山"实践创新基地，绿色成为新时代怒江最显著的底色。民生事业大幅改善，公共服务能力明显提高，人民群众获得感幸福感安全感前所未有。干部群众内生动力不断激发，素质能力不断提升，精神面貌焕然一新。

三、攻克昭通深度贫困堡垒

昭通市地处乌蒙山腹地，人口密度大，人均土地资源占有有限，在全国地级市中贫困人口最多、贫困程度最深、脱贫任务最重、攻坚压力最大。11 个县（区）中 10 个是国家扶贫开发重点县（区）、7 个是深度贫困县（区），"镇彝威"革命老区县贫困程度深。云南省委、省政府多次召开专题推进会，聚焦昭通市脱贫攻坚工作。出台《昭通市镇雄彝良威信革命老区精准扶贫精准脱贫三年行动计划（2016—2018 年)》，实行政策、项目、资金、力量等重点倾斜，着力推进民生改善、基础设施、产业培育、技能扶贫及能力素质提升、公共服务、生态环境保护 6 大工程，打好"镇彝威"革命老区脱贫攻坚歼灭战。

（一）创新脱贫攻坚打法

通过完善攻坚思路，抓好精准扶贫关键步骤，扎实推进社会帮扶，打好昭通深度贫困歼灭战。

1.完善脱贫攻坚思路

立足实际，贯彻"坚持以人民为中心、以群众工作为主线，抓住精准、统筹、务实三个关键，实现思想、工作和情感三个认同"的"133"脱贫攻坚工作思路，紧扣人的改变，全力走实群众路线，不断增强群众对脱贫攻坚的获得感、满意度。

2.精准扣好"四粒扣子"

围绕"扶持谁"，扣好精准识别"第一粒扣子"。2017年，以动态管理为契机，组织2.36万名干部，用近4个月的时间，对129.73万户529.03万农村人口进行全面摸底排查，精准锁定未脱贫对象27.5万户113.37万人，系统建立起农村户籍、住房、教育、卫生、低保等全方位的信息台账。

围绕"怎么扶"，扣好精准施策"第二粒扣子"。2018年，以开展"村村清、户户清"行动为抓手，科学制定村级施工图、乡级路线图和县级项目库。2018—2020年累计投入财政扶贫资金470.36亿元，实施库内项目11284个，以到人到户的精准帮扶确保户脱贫、村出列，以"村村清、户户清"确保县摘帽。

围绕"怎么退"，扣好精准退出"第三粒扣子"。严格按照贫困退出程序考核，确保9个县（区）、1131个村（社区）、35.82万户169.08万贫困人口脱贫成效经得起历史和人民的检验。

围绕"退出后怎么办"，扣好巩固提升"第四粒扣子"。严格落实"四个不摘"和脱贫成果巩固20条要求，继续保持已退出的169.08万建档立卡贫困人口政策稳定性和工作连续性，巩固脱贫成果，防止出现返贫。

通过扣好"四粒扣子"，确保扶贫工作有序推进，既保证了扶贫资源的精准使用，也为防止返贫打下了基础。

3.扎实推进社会帮扶

深化与广东省的扶贫协作。有组织转移劳动力到东莞、中山打工。安排昭通籍学生赴广东接受中职教育，促进新增贫困劳动力转移就业。探索推进"携手奔小康"行动，东莞、中山两市采取"N+1"组团帮扶（即多个镇街区对口帮扶1个贫困县）模式对口帮扶昭通10个贫困县（区）。以31个镇（街、区）、39个社区结对帮扶昭通29个乡（镇）、39个村（社区），挂钩帮扶48个深度贫困村。

加大与社会知名企业对接协调力度。通过联系和协调，在原帮扶的新沪商、兴业证券、太平保险、银泰集团、亿利资源集团的基础上，增加北京通盈投资集团帮扶彝良县，香港招商局集团帮扶镇雄县，中铁建帮扶盐津县。扎实开展"万企帮万村"行动，284家企业结对帮扶269个村，投入帮扶资金3.28亿元，实施产业、就业、技能、岗位扶贫项目369个。

（二）重点抓好"四大工程"

以易地扶贫搬迁、产业扶贫、就业扶贫、基础设施建设为抓手，聚焦"镇彝威"革命老区县，扎实推进扶贫工作。

1. 做好易地搬迁

围绕"能搬则搬、应搬尽搬、整村搬迁"原则，探索创新"进城、入镇、进厂、上楼"安置模式，按照建设配套搬家、产业就业支撑、管理服务保障"三步走"思路，城乡人口分布格局重构、产业发展结构重组、山区自然生态环境重塑"三位一体"整体推进机制，做到应搬尽搬。截至2020年6月，36.24万搬迁群众全部搬入新居。靖安新区、卯家湾安置规模分别为4.06万人、3.63万人，是全国第一、第二的大型跨县区安置区。23个新增集中安置区配套建设了44所学校、33个医疗服务机构、8万亩产业基地、9100个蔬菜和食用菌大棚、105万平方米"扶贫车间"和商业设施。迁出地60万亩耕地、77万亩林地、0.81万亩宅基地"三块地"大面积实施退耕还林还竹还果，为搬迁群众稳定增加收益提供支撑和保障。组建 5 个临时党工委（管委会）、111 个党支部、44 个社区，建立健全新的社会治理格局。通过搬迁，贫困群众实现了由贫困山区到现代城镇、由传统农民到城镇市民的跨越。

2. 做强特色产业

全力打造苹果、竹子、马铃薯、特色养殖、天麻、花椒"6 个百亿元"高原特色产业。按照良种良法、高度组织化和集约化模式、党支部＋合作社"三个全覆盖"的要求，全力推进"村村有亮点、组组有看点、户户有支撑"产业网格化管理。截至 2020 年 6 月，苹果种植面积近 80 万亩，北部 8 个县（区）建成 450 万亩高标准、规范化种植的笋用竹产业，300 万亩马铃薯正逐步实现"昭通大洋芋、世界马铃薯、扶贫大产业"的蜕变，昭通因此获得"世界马铃薯高原种薯之都"的称号。在"镇彝威"革命老区发展红色旅游，传承红色基因。

3. 做特转移就业

构建政府对政府、政府对重点企业的长效对接机制，推动农村劳动力有计划、有层次、有保障地转移就业。截至 2020 年 6 月，104.55 万贫困劳动力转移就业 89.61 万人，转移就业率达 85.71%。13.74 万易地搬迁劳动力转移就业 12.28 万人，转移就业率 89.37%。贫困户和易地搬迁户"零就业家庭"实现动态清零。创新工作机制，在昭通籍劳动力聚集的地方建立流动党员党组织和"网上党支部"，让流动党员感受到组织的温暖。

4. 做牢基础设施

持续加强农村饮水、交通、教育、卫生等基础设施建设，加快补齐短板弱项。坚持水利工程建设与构建长效管护机制并重，实施215.4 万人饮水安全巩固提升工程，自来水普及率达 92.2%，农村饮

水安全保障实现全面达标。加快补齐农村交通设施短板，累计实施
1.86 万公里的农村公路硬化，建成公路安全生命防护工程 1.01 万公
里，实现所有行政村和社区通硬化路、通客运、网购物流全覆盖的目
标。全面推进"改薄"工程和教育基础设施建设，完成 11 个县（区）
义务教育均衡化发展目标，14.35 万名"两后生"就读职业教育学校，
掌握一技之长、实现充分就业。推进乡镇卫生院和村社区卫生室标准
化建设，基层医疗机构全面达标。

（三）扶贫推动"五大变化"

脱贫攻坚启动以来，昭通以平均每天脱贫 1000 多人的进度，取
得了脱贫攻坚的决定性胜利。截至 2019 年末，贫困人口从 2014 年末
的 185.07 万人下降至 15.99 万人，贫困村由 1235 个减至 104 个，10
个贫困县区摘帽 9 个，贫困发生率从 34.8％下降至 3.4％。2020 年
上半年动态监测，15.99 万未脱贫人口全部实现"两不愁三保障"，
104 个未出列贫困村及镇雄县均达到出列和摘帽标准，确保如期实现
脱贫。

通过脱贫攻坚，思想意识、发展格局、产业形态、城乡面貌、文
明风尚五个方面发生了变化。广大干部群众的思想意识得到了大的提
升，淬炼形成了敢打善拼、坚韧求成、再硬的骨头也要嚼碎的脱贫攻
坚精神，光荣的老区革命传统得到继续发扬。发展格局不断优化，产
业形态、基础设施、城乡建设、生态文明等各个领域不断取得新突
破。农村产业散小弱的形态得到改变，苹果、竹子、马铃薯等优势特
色产业迅猛发展，实现了规模与质量、品牌与效益同步提升。36.24
万群众搬出大山，进入城镇，城乡面貌发生巨变，通过加强社区管
理，保障就学、就业、就医，搬迁群众的生产生活方式和精神面貌得

到了极大改善。通过人居环境整治，2.77 万个干净整洁型村庄建设实现全覆盖。通过"自强、诚信、感恩"主题教育活动，促进了物质和精神"双脱贫"。

四、攻克边境地区深度贫困堡垒

云南 25 个边境县（市）中有 21 个国家和省级扶贫开发工作重点县、8 个深度贫困县。云南省委、省政府把边境地区脱贫攻坚与兴边富民行动、民族团结进步示范区建设有机结合起来，利用国家在边境地区实施的特殊政策，全力打好"守边强基"攻坚战，攻克边境深度贫困堡垒，全面提升沿边发展水平。

（一）持续推进"兴边富民"

2015 年，出台《云南省深入实施兴边富民工程改善沿边群众生产生活条件三年行动计划（2015—2017 年)》，对抵边的 373 个行政村（社区）进行综合扶持。2018 年 9 月，出台《云南省深入实施兴边富民工程改善沿边群众生产生活条件三年行动计划（2018—2020年)》，加大投入力度，健全保障机制，强化督查考核，打好"守边强基"攻坚战。

1. 加大资金投入

省财政筹措资金支持抵边小城镇、集镇建设，积极争取中央财政加大对边境地区财政转移支付力度。省级部门将有关工程资金投入任务及时纳入本部门年度计划优先安排。边境州（市）、县（市）统筹资金，加大对沿边地区支持力度。引导社会资金加大投入，发挥群众建设主体作用，发动边民投工投劳。

2. 健全机制保障

建立健全各种制度。建立工作推进会议制度，云南省深入实施兴边富民工程改善沿边群众生产生活条件三年行动领导小组适时召开工作推进会议，部署和推进工作。坚持规划先行，边境州（市）、县（市）、乡（镇）围绕三年行动计划目标和任务分别制定实施意见、实施计划和建设规划。深入实施东西部扶贫协作，推动东部地区人才、资金、技术向沿边一线贫困地区倾斜支持。

3. 强化督查考核

开展监督检查和考核。每年对省级有关部门和边境州（市）、县（市）政府任务完成情况进行考核，考核情况专题报告省政府，对完不成任务的省级部门和州（市）、县（市）政府给予通报批评。省相关部门加强计划年度目标任务完成情况督查，组织开展计划实施情况评估，定期向省政府报告。每季1通报，每年1考核，3年总考核，确保如期完成三年行动计划确定的目标任务。

（二）着力实施"七大措施"

在沿边110个乡镇和19个农场、878个行政村（社区）重点实施兴城镇、夯基础、强产业、惠民生、增收入、促开放、固边境7个方面的措施，打好沿边深度贫困歼灭战。

1. 支持沿边集镇建设

打造一批休闲旅游、商贸物流、民族文化、民族风情等服务农村、带动周边的特色抵边乡镇。做好乡村建设规划编制，统筹落实乡村建设规划目标、乡村用地、乡村重要设施、乡村风貌、农房建设管理、村庄整治等任务。加快抵边乡镇基础设施和基本公共服务设施建设，全面提升综合配套服务能力，推动村镇建设与特色优势产业发展相结合，因地制宜发展旅游、商贸、物流、文化、加工等产业。

2. 加强基础设施建设

加快通村路、巡逻路、产业路、资源旅游路建设，推进沿边及抵边自然村通硬化路建设。截至 2020 年 6 月，沿边一线 20 户以上自然村已基本通硬化路。加快电网改造步伐，提高沿边自然村电力服务质量和水平。加强水利基础设施建设，实施高效节水灌溉、山区"五小水利"和农村饮水安全巩固提升等工程，改善沿边一线农村水利条件。加强通信网络建设，推进实施边境乡（镇）建制村通宽带、自然村和重要交通沿线通信号覆盖工程，全面实现边境乡（镇）建制村广播电视网络全覆盖和 100% 通邮目标。

3. 培育优势特色产业

发展特色农业。以人均建成 1 亩以上高效经济作物或经济林果为目标，大力发展特色种植业、特色经济林和林下经济。按照人均每年出栏 1 头以上牲畜为目标，加快养殖业的发展。加大农民专业合作组织扶持发展力度，提高产业发展组织化程度。推进农业科技示范建设，加强农业科技的普及推广；实施"互联网＋农村服务"行动，拓展农产品销售渠道和市场广度。

发展特色加工制造业。加大力度培育和壮大农林牧产品产地加工，珠宝玉石、木材、农产品、橡胶等特色资源深加工，轻纺服装、民族手工艺品、乡村旅游商品加工等扶持。

发展特色服务业。结合当地民族文化，办好民族风情节，打造沿边民族文化品牌；培育具有地域特色、民族特色的旅游景区、民宿、乡村生态民俗和特色餐饮，大力发展沿边旅游和跨境特色旅游。依托重点口岸，支持发展口岸边贸、商贸物流产业。支持边境地区农产品申报地理标志产品保护，做好产品的宣传推介和品牌打造。

4.完善基本公共服务

提升基础教育质量。全面实施沿边地区"一村一幼""一乡一公办"工程，完善学前教育办学体系。加强教育基础设施建设，全面实施改善沿边地区薄弱学校基本办学条件行动，保留抵边自然村小学教学点。落实边境沿线教师职称评定政策，实施乡村教师差别化生活补助政策等，吸引更多的优秀教师到沿边一线工作。在不通汉语地区的幼儿园和小学低年级推行双语教育。

完善基本医疗服务。加强乡镇卫生院、村卫生室标准化建设，配备基本药品和医疗设备。鼓励卫生人才向基层流动，培养壮大基层医疗卫生人才队伍，基本实现每个村（居）委会有具备相应资质的乡村医生目标。全面实施边境地区县、乡、村三级医疗机构一体化管理，合理调配医疗资源，提高医疗服务水平。建立健全沿边疫情联防联控机制，保障人民群众生命健康安全。

推进文化科技兴边。深入实施基层综合文化站建设工程，新建或扩建乡镇综合文化站，实现贫困乡镇综合文化站建设全覆盖。加强乡土民族文化能人和民族民间文化传承人的培养，加强本土特色文化的保护与传承。

提高社会保障水平。加快建设沿边乡镇养老中心，提升居家社区和农村养老服务水平。对困难群众参加城乡居民基本医疗保险的个人缴费给予补贴，实现沿边一线建档立卡贫困人口基本医疗保险、大病保险全覆盖。补助抵边群众购买人身意外伤害险等保险产品，解除抵边群众的后顾之忧。

促进就地就近就业创业。加大就业技能培训、岗位技能提升培训和创业培训，增强沿边群众就业创业能力。加强就业援助，对就业困难边民实行分类帮扶，护边员、护林员、外事界务员、联防员等岗位同等条件下优先聘用沿边一线边民。对边民自主创业实行"零成本"注册的优惠政策。

5. 提高边民补助标准

提高边民补助标准，调动边民守边护边积极性。从 2018 年底开始，一线边民补助标准逐步从每户每年 1000 元，提高到每人每年 2500 元以上。逐步落实边境封禁区边民薪炭补助。

6. 提升开放活边水平

加强边境互市点、边民集市点建设。加快互市点仓储、物流、集散、加工中心建设，有序推进边民互市点发展升级。

推进口岸（通道）基础设施建设。不断加大口岸（通道）和通关便利化基础设施建设，提高瑞丽、河口、磨憨、猴桥、清水河等一类口岸，以及新开口岸和通道的管理水平、服务质量和通行效率。

加快开发开放平台建设。加快开发开放试验区、边（跨）境经济合作区、综合保税区建设步伐，把各类开发开放平台建设成集加工贸易、特色农产品商品交易、物流仓储、跨境旅游、跨境电子商务等于一体的综合经济功能区。

7. 加强稳边固边建设

深入推进民族团结进步示范区建设。深入开展爱国主义和民族团结宣传教育，扎实推进民族团结进步示范村、民族团结进步示范户等建设。深入贯彻党的宗教工作基本方针，引导宗教团体、宗教活动场所和广大信教群众为稳边固边和沿边一线发展服务，积极开展和谐寺观创建活动，大力推进"互联网＋民族团结"，加大对民族类宣传媒体支持力度。

加强沿边一线基层治理。加强沿边基层党组织建设，以党组织、自治组织为核心，加大宣传力度，积极引导边民树立爱国爱党守土固边的责任感和荣誉感。配强驻村工作队，发挥带领群众学习现代生产技能、培养健康文明生活方式的作用。推进村民小组活动场所建设，基本实现每个村民小组都有可供使用的活动场所。

强化平安沿边建设。加快推进边境沿线的物理隔离设施、智能监控系统、抵边警务室等边防基础设施建设，推动立体化边境防控体系建设。加大边防检查设施和装备建设的投入力度，提高边防信息化水平。建立边民身份认证制度，全面落实护边员、外事界务员等管边护边队伍的经费补助，形成群防群治的边境防范体系。

筑牢边境生态安全屏障。实施重点生态工程，加强地质灾害综合防治，强化生物物种资源出入境监管，防治外来有害生物，保护生物多样性，防控沿边动植物疫病，防范疫情跨境传播。

（三）边境地区全面发展

脱贫成效显著。截至 2019 年，边境地区贫困发生率降到 1.8%，其中，第一轮扶持的沿边 373 个行政村贫困发生率降到了 0.2%。25个边境县（市）累计脱贫 133.2 万人，贫困人口从 139.5 万降至 6.3 万；贫困村从 1473 个降至 65 个；贫困县（市）从 21 个降至 3 个。群众获得感、幸福感和安全感明显提升，守土固边的责任心、自信心和自豪感显著增强。

基础设施明显改善。交通、水利、卫生、教育、民居环境等基础设施得到了极大改善。产业培育发展迅速，已经形成各有特色的战略性支柱产业。民生保障切实改善，公共文化设施和服务体系不断完善，社会保障体系逐步完善，城乡居民生活水平和保障能力明显提高。生态环境进一步改善，有效筑牢了边境生态安全屏障。民族团结和谐稳定，"三个离不开"① 和"两个共同"② 观念深入人心，各民族的内生发展动力得到激发。

通过整合扶贫资源，动员各方力量参与，采取倾斜政策，因地制宜创新帮扶举措，深度贫困堡垒逐步得到攻克，但到 2019 年底，仍然还有 9 个贫困县没有脱贫摘帽，44.2 万贫困人口没有脱贫，脱贫攻坚收官战任务艰巨。

---

① "三个离不开"：汉族离不开少数民族，少数民族离不开汉族，各少数民族之间也互相离不开。

② "两个共同"：共同团结奋斗，共同繁荣发展。

第 四 章

打胜脱贫攻坚收官战

2020 年 3 月 6 日，习近平总书记在脱贫攻坚电视电话会议上强调："到 2020 年现行标准下的农村贫困人口全部脱贫，是党中央向全国人民作出的郑重承诺，必须如期实现，没有任何退路和弹性"①，这标志着攻克最后贫困堡垒的战鼓正式敲响。云南咬定目标、坚持标准、一鼓作气、趁势而上，全面开展"百日总攻""百日提升""百日巩固"行动，接续推进全面脱贫与乡村振兴有效衔接，努力打胜精准脱贫收官战。

一、集中开展"百日总攻"

"行百里者半九十""从决定性成就到全面胜利，面临的困难和挑战依然艰巨，决不能松劲懈怠"②。面对 2019 年底还有 119391 户、

---

① 《习近平在决战决胜脱贫攻坚座谈会上的讲话》，《人民日报》2020 年 3 月 7 日 02 版。
② 《习近平在决战决胜脱贫攻坚座谈会上的讲话》，《人民日报》2020 年 3 月 7 日 02 版。

442188 人贫困人口,9 个贫困县尚未脱贫摘帽,429 个贫困村尚未出列,有 38.59 万返贫风险重点监测人口、39.07 万致贫风险边缘人口需要重点关注,近 100 万易地扶贫搬迁贫困人口和 50 万的随迁人口后续扶持和长期发展工作任务艰巨①的客观现实,云南以必胜之决心、非常之手段、集中"弹药"资源,自 2020 年 3 月 11 日起,启动"百日总攻"行动。

(一)扎实推进"六大举措"

1.加强就业扶贫

扎实开展"零就业家庭清零行动""转移就业百日行动""技能培训进企业行动"三项专项行动,加强就业扶贫。

开展"零就业家庭清零行动"。坚持"查漏"与"巩固"相结合,动员、组织贫困村驻村工作队员、村"两委"人员、各村小组负责人,通过逐户逐人调查摸排建档立卡贫困劳动力,做到"村不漏组,组不漏户,户不漏人",摸清贫困劳动力底数和就业情况。开展新一轮的建档立卡贫困户"清零"行动,将新出现的"零转移就业家庭"在一个月内实现了动态"清零"。

推进"转移就业百日行动"。坚持"输出"与"保障"相结合,开展新一轮"转移就业百日行动"。重点解决转移就业的贫困劳动力稳定就业、稳定增收和提升提高就业质量问题。在国际新冠肺炎疫情大爆发背景下,派出工作组,奔赴长三角和珠三角与当地人社部门和企业对接,做好贫困劳动力就业稳岗工作,确保劳动力输得出、留得下、稳得住,实现稳定增收目标。

---

① 《百日总攻,聚焦最后贫困堡垒》,《云南日报》2020 年 4 月 7 日 01 版。

实施"技能培训进企业行动"。优先在企业复工复产、重大项目开工、物流体系建设等方面组织和使用贫困劳动力。开发生态管护、环境整治等"扶贫特岗",为贫困劳动力提供更多就近就地就业机会。坚持"线上"与"线下"结合,相关部门提前与企业进行深度对接,开展大规模技能培训进企业行动。2020年一季度筹集到15亿的专项培训资金,用于企业员工的技能提升培训。

2. 强化产业扶贫

围绕"产业带动全覆盖、主体带动全覆盖"目标,加大产业扶贫力度。优先支持扶贫产业复产达产,做好贫困地区生产资料保障、春耕备耕、种苗农资供应等工作。

深入实施消费扶贫行动。将消费扶贫作为东西部扶贫协作、定点扶贫的重要任务,发挥拼多多、中国社会扶贫网、"一部手机云品荟"等平台作用,拓宽扶贫产品销售渠道,实现扶贫产业"产量""销量"双提升。

发展高原特色优势产业。以"一县一业"示范创建为引领,倾斜支持贫困地区打造"绿色食品牌"。突出抓好28个贫困县"一县一业"和特色县示范创建活动。开展优势特色产业集群建设,启动7个贫困县高原花卉产业、蔬菜产业集群建设,全面延伸产业链,推动"小特产"向"大产业"转型升级。加强宣传推介,提高贫困地区特色产业知名度和影响力,充分利用各类平台积极推介贫困县重点产业、优势产业和产品。充分利用与上海、广东等东西部扶贫协作机制,加强"云品入沪""云品入粤""云品入京",拓宽扶贫产品销售渠道。

3. 巩固"三保障"和饮水安全

确保义务教育有保障。全面落实"控辍保学""双线四级"责任,严格按照"四查三比对"①的目标搞清楚底数，全面推行依法控辍保学"四步法"，科学精准抓好分类安置措施，确保贫困家庭义务教育阶段适龄儿童、少年，除身体原因外不失学辍学。

补齐基本医疗保障短板。对未摘帽的9个贫困县和剩余贫困人口超过5000人的8个县进行健康扶贫挂牌督战，围绕基本医疗有保障重点工作任务，做细做实健康扶贫。严格按照"三个一、三合格、三条线"标准②，采取拉网式排查、建账销号管理等方式，对县乡村三级医疗卫生机构进行达标验收，进一步查缺补漏，补齐短板。

扫清住房安全隐患。印发《关于做好脱贫攻坚农村危房改造百日攻坚督战查缺补漏补短板等扫尾工作的通知》《关于抓紧完成脱贫攻坚农危改"建新拆危"有关工作的紧急通知》，严格落实"危房不住人、住人无危房"要求，抢抓时间完成农危改"建新拆危"工作。截至2020年7月，农危改应拆危房拆除率达到97%以上，剩余未拆危房中确需用于生产用房的，在确保不住人的前提下，收归村集体资产统一管理，提供农户堆放生产生活工具等有限使用，严禁住人和生活

① "四查三对比"：查户籍、查学籍、查学生、查建档立卡贫困户适龄儿童少年，户籍与学籍比对、学籍与实际在校生比对、学生与扶贫数据库比对。

② "三个一、三合格、三条线"：医疗卫生机构"三个一"：每个贫困县建好1所县级公立医院（含中医院），具有相应功能用房和设施设备；每个乡镇建成1所政府办卫生院，具有相应功能用房和设施设备，能够承担常见病多发病诊治、急危重症病人初步现场急救和转诊等职责；每个行政村建成1个卫生室，具有相应功能用房和设施设备，能够开展基本的医疗卫生服务。医疗技术人员"三合格"：每个县医院的每个专业科室至少有1名合格的执业医师；每个乡镇卫生院至少有1名合格的执业（助理）医师或全科医师；每个村卫生室至少有1名合格的乡村医生或执业（助理）医师。医疗服务能力"三条线"：常住人口超过10万人的贫困县有一所县医院（中医院）达到二级医院医疗服务能力；常住人口超过1万人的乡镇卫生院达到《乡镇卫生院管理办法（试行）》（卫农卫发〔2011〕61号）要求；常住人口超过800人的行政村卫生室达到《村卫生室管理办法（试行）》（国卫基层发〔2014〕33号）要求。

使用，并予以标识。严格落实"房屋安全等级认定牌"和"不属于农危改政策扶持户标识牌"贴挂制度。

巩固饮水安全成果。积极开展"六个专项行动"①和挂牌督战，确保未脱贫摘帽贫困县、水质合格率较低州（市）、供水保证率低的地区、石漠化片区用水窖水供水和用水窖水辅助供水州（市）、旱情较重的州（市）农村饮水安全有保障。实施贫困人口饮水安全动态管理机制，及时发现问题，及时制定措施，全面解决因自然灾害、气候变化和运行管护等原因引起的动态新增饮水安全问题。

4.做好搬迁后续工作

加强后续扶持。做好搬迁安置区的产业发展、就业帮扶、就学就医、社会融入。

制定和印发《云南省易地扶贫搬迁居民生活指南》，从开电梯、用马桶、用煤气、丢垃圾等日常生活技能出发，手把手教搬迁群众融入城市生活，做到稳得住、有就业、逐步能致富。

5.强化资金投入和监管

继续增加财政专项扶贫资金投入和土地、金融支持，保障脱贫攻坚的"粮草军需"。

继续加大投入力度。进一步加大各级财政专项扶贫资金和其他财政涉农整合资金的投入力度。2020年度省级以上财政专项扶贫资金、财政涉农统筹整合资金、东西部扶贫协作资金、集团帮扶资金等3月底前实现应下尽下，并向深度贫困地区和工作难度大的县、村倾斜。重点支持深度贫困地区和脱贫难度较大的县、乡、村未脱贫人口脱贫，确保分配给88个贫困县纳入整合的各项涉农资金增幅不低于该

---

① "六个专项行动"：问题整改专项行动、水质提升专项行动、供水工程管护维修专项行动、水费收缴专项行动、服务承诺专项行动、抗旱应急拉水送水专项行动。

项资金的全省平均增幅。2020 年一季度，中央拨付财政专项扶贫资金 152.9 亿元；省级年初预算安排财政专项扶贫资金 75 亿元；下达中央和省级整合财政涉农资金 285.4 亿元；下达中央和省级教育、健康、就业等行业扶贫资金 188.7 亿元[①]。

强化资金监管。坚持财政扶贫资金管理信息公开，接受群众监督。协调各类监督力量，加强扶贫资金日常监管和专项监督。多措并举，紧盯各级扶贫资金支出进度，采取通报、约谈、实地调研等方式对支出情况进行督促，确保支出进度与脱贫攻坚任务完成进度相匹配。抓实脱贫攻坚中央专项巡视"回头看"和成效考核等渠道指出的资金问题整改，确保实现"清零"。

6. 抓实限期整改

聚焦中央脱贫攻坚专项巡视"回头看"反馈的问题、脱贫攻坚成效考核指出的问题和脱贫攻坚问题大排查专项行动发现的问题，按照全面整改、坚决整改、彻底整改要求，重点整改产业帮扶缺乏带贫机制，扶贫项目管理不严格，利益联结机制不完善，存在"一发了之""一股了之""一分了之"等问题；扶贫龙头企业和扶贫车间吸纳贫困人口较少；部分扶贫小额信贷未按规定发贷和使用，光伏扶贫村级电站后续运营管理不到位等问题，做到风险防范和产业发展同步并举。

坚决纠正家庭医生签约服务不到位、县域内"先诊疗后付费"政策落实不到位等问题。对住房安全有保障、农村饮用水安全有保障、易地扶贫搬迁工作进度和住房安全质量、低保认定等开展大排查。开展扶贫小额信贷设置门槛专项排查行动。

---

① 云南省决战决胜脱贫攻坚系列新闻发布会（第五场），2020 年 4 月 8 日，云南省网上新闻发布厅，http://www.yn.gov.cn/ynxwfbt/html/2020/zuixinfabu_0403/2647.html。

利用"云南扶贫通"全面纠正问题数据，倒逼问题整改，精准锁定脱贫攻坚对象数据、帮扶措施、扶贫成效，确保"账账相符、账实相符"，杜绝形式主义官僚主义和数字脱贫、虚假脱贫等问题。

（二）打好打赢两场战役

脱贫攻坚收官时刻遇到新冠肺炎疫情，"新冠肺炎疫情就是脱贫攻坚的加试题"[①]。面对严峻的新冠肺炎疫情防控形势，采取"硬核"手段，"两手抓""两手硬""两不误""两促进"，千方百计把疫情对脱贫攻坚的影响降到最低，打好"两场"战役。

1. 打赢贫困地区疫情防控战

以脱贫攻坚组织管理机制强化疫情防控。将脱贫攻坚形成的有效工作机制直接转变为疫情防控机制，将驻村工作队转变为防"疫"队。疫情初期，第一时间要求驻村工作队员返岗到位，"战贫"人员成为"战疫"队员，积极参与疫情防控工作。脱贫攻坚形成的统一领导、统一指挥、高效协调、精准落实的组织体系和工作机制迅速转变为疫情联防联控机制，构筑起农村疫情防控的"铜墙铁壁"。

多措并举做好疫情下的健康扶贫。出台 10 条特殊报销政策，临时调整 5 项政策规定，确保患者不因费用问题影响及时就医。实施基本医疗保险费缴纳"减、缓、延"等措施，支持企业复工复产。在贫困地区尤其是易地扶贫搬迁集中安置点开展卫生习惯和卫生知识宣传教育，提高贫困群众对新冠肺炎的科学认识，增强主动防疫意识。

建立疫情影响分析调度机制。实行"一周一分析、一周一研判、

---

① 《汪洋在脱贫攻坚约谈会议上强调：做好疫情加试题　确保脱贫高质量》，新华网 2020 年 4 月 13 日。

一周一报告"，提前分析研判，督促基层采取针对性措施，分区分级精准施策，及时指导基层加大脱贫攻坚力度，确保脱贫攻坚目标任务的实现不因疫情受影响。

2.打好疫情期间脱贫攻坚战

面对88个贫困县中16个县有确诊病例的现实问题，结合疫情摸排，抓紧排查脱贫攻坚"三保障"存在问题，加强查缺补漏和问题数据比对，迅速摸清贫困群众产业、就业、就学、医疗、饮水等帮扶需求，精准制定"一户一策"帮扶措施，推进帮扶举措精准落实。

利用好疫情影响分析调度机制，对不同疫情级别贫困地区的复产复工和劳动力外出就业进行精准指导，将疫情对脱贫攻坚工作的影响降到最小。对疫情导致的各类项目开工延迟，不能按计划推进的情况，出台有针对性的政策措施，推动扶贫干部全面返岗、扶贫项目全面复工、帮扶举措全面落实，将疫情耽误的时间抢回来。用好用足各级制定的应对疫情政策措施，全力稳岗拓岗。

深入开展消费扶贫专项行动。构建产区和销区稳定对接机制，主动对接上海、重庆、广州、深圳等农产品需求旺盛的大城市搞，加大对湖北武汉等疫区农畜产品的供给力度。依托"一部手机云品荟"、淘宝、京东和东西部扶贫协作等平台，拓宽销售渠道。贫困县党委和政府一把手、驻村第一书记、帮扶干部等纷纷利用新兴平台，为贫困地区直播带货，销售农产品。2020年一季度，累计往省外调出蔬菜等近100万吨，日均2万吨。上海、广东的各帮扶单位到云南贫困地区采购农产品5113.37万元。

（三）压实责任挂牌督战

瞄准突出问题和薄弱环节，对9个未摘帽贫困县和8个剩余贫困人口超过5000人的县、429个未出列贫困村、尚未实现脱贫的傈僳族、怒族2个"直过民族"①和19个万人以上易地搬迁集中安置点进行挂牌督战，啃下最后的硬骨头。

1. 实施三级督战

建立和实施省、州（市）、县（市、区）三级督战机制。采取省级领导定点督战、组织督战小分队督战、暗访督战等方式推动督战，形成省、州（市）、县（市、区）三级直通督战机制。省级主要负责对未摘帽和剩余贫困人口超过5000人的15个贫困县进行挂牌督战，并延伸到贫困村和19个万人以上易地扶贫搬迁集中安置点。州（市）负责对其他剩余贫困人口在1000人以上的县（市、区）（包括非贫困县），剩余贫困人口超过500人和贫困发生率超过10%的行政村，以及千人以上易地扶贫搬迁集中安置点进行挂牌督战。省级领导牵头深入定点挂牌督战，通过现场督战、召开督战县脱贫攻坚专题分析会、视频调度会议，16个督战小分队全员深入16个督战县开展一线督战等形式，形成全方位、立体式督战体系，确保"百日总攻"高位推进。

2. 强化督战协同

采取"督""战"结合、以"督"促"战"，构建"主要领导挂帅督战、分管领导直接督战、条块结合协同督战"工作格局，提高督战的精准度、有效性。

3. 严肃执纪问责

对弄虚作假、屡改屡犯，存在影响脱贫攻坚目标任务完成的问题，严厉进行追责问责。及时找准、系统分析存在的短板弱项，制定

---

① 《坚决夺取战"疫"战"贫"两场硬仗全面胜利》，《云南日报》2020年3月7日第01版。

实施"一县一方案",逐村逐户逐人逐项补短板、强弱项,不留盲区、不留尾巴。通过深入开展问题整改和补短板行动,确保 2020 年上半年完成各类问题整改。

通过"百日总攻"行动,到 2020 年 6 月底,贫困地区"两不愁三保障"突出问题总体解决,剩余 44.2 万建档立卡贫困人口、429 个贫困村、9 个贫困县全部达到退出标准,为如期打赢脱贫攻坚战奠定了基础。2020 年 7 月 1 日,为巩固脱贫成果,启动"百日提升"巩固行动。

二、接续开展"百日提升"

强化"军令状""交总账"意识,强化底线思维、风险防范,全面排查解决存在问题,全力对冲疫情和自然灾害的影响,全面巩固脱贫成果,接续推进"百日提升"行动,确保如期实现贫困人口全部脱贫、贫困村全部出列、贫困县全部摘帽。

(一)持续开展"六项行动"

1. 多措并举稳定就业

千方百计稳岗就业。利用东西部扶贫协作的平台,切实做好输出地和输入地贫困劳动力精准对接,全力配合劳务输入地政府、企业稳岗就业工作,将贫困劳动力稳在企业、稳在当地。压实云南省内重点区域、重要企业、重大项目稳岗、拓岗责任。各类工作岗位优先提供给贫困劳动力、边缘户劳动力,优先保障稳岗就业。拓展贫困劳动力就近就地就业渠道,支持龙头企业、扶贫车间、种养基地等经营主体吸纳本地就业，积极推进贫困地区以工代赈项目建设，将农村小型基础设施、退耕还林、环境综合治理等项目采取"以工代赈"方式优先交由以贫困劳动力为主的劳务合作社实施，提高组织化程度。用好公益性岗位就业保障作用，聚焦城乡公共服务、"三农"领域基础设施建设、人居环境整治、生态治理等方面开发公益性岗位，用于安置贫困劳动力就业。落实光伏发电项目80%的收益用来设置扶贫专岗的要求，公益岗位已经饱和的地区，用于小型公益项目建设，转化为贫困群众劳务收益。

2.多管齐下巩固产业

继续加大支持力度。加大信贷、保险等金融服务支持力度，加强扶贫小额信贷政策落实，简化业务流程，对有需求的建档立卡户、边缘户做到应贷尽贷，对符合条件的及时办理续贷、延期、展期。

建立稳定的流通销售渠道。充分发挥驻外办事机构作用，持续推进农产品走进北京、上海、广东、深圳、香港、澳门、湖北等大规模市场。加强扶贫产品认定，完善政府采购、扶贫协作、经营主体参与、社会组织参与机制，全力稳定扶贫产品销售渠道、扩大销售额。

继续实施消费扶贫行动。通过发挥市场机制作用，支持电商企业、视频直播平台、自有渠道企业、各类农产品批发市场等深度参与消费扶贫。

促进产业链上下游协调发展。采取特殊政策措施支持扶贫农牧产品加工、包装、冷链物流、宣传推介等，发挥消费扶贫对扶贫产业转型升级的引导作用，推动扶贫产业面向消费需求发展标准化、规模化生产，促进扶贫产业链上下游协调发展，增强贫困地区扶贫产业的自我发展能力。

3.做实搬迁后续帮扶

加大对易地扶贫搬迁后续帮扶的资金投入、项目安排和工作落实，全面做好搬迁安置区产业发展、就业帮扶、配套设施建设、基本公共服务、社区治理、社区党建、社区融入等工作。

做实搬迁入住。开展易地扶贫搬迁工作进度和住房安全质量大排查，加快拆旧复垦复绿进度，加快搬迁进城家庭承包地、林地处置工作，稳妥处置两头跑的问题。加快集中安置区学校、医院等配套设施建设，切实解决搬迁群众看病、养老、社会保障等基本公共服务，系统谋划安置区社会治理，全面提升服务效能，确保搬迁群众安心入住。

突出就业帮扶。组织搬迁人口外出务工。开发安置区公共服务岗位，预留安置区场地扶持创业，引导农产品加工产能向安置区周边聚集，建设一批劳动密集型、生态友好型扶贫车间，利用原有山林田地等组建造林种草专业合作社，为有劳动能力的贫困人口提供就近就地就业岗位。确保有就业能力的搬迁贫困劳动力"零就业家庭"动态清零。

加快搬迁群众从农民向市民转变。推广普及现代科学文化知识，加强对搬迁群众生活常识、基础科学、劳务技能的科普培训，提升搬迁群众发展动力和能力。加强思想教育引导，以典型示范引导搬迁群众逐步接受和适应现代文明，树立财富观念、增强理财意识，形成现代化生活方式。强化法治观念教育，在搬迁安置区开展《中华人民共和国民法典》等涉及老百姓日常生活法律法规宣传活动，让搬迁群众学法知法守法。

4.提升"三保障"和饮水安全水平

深入开展"控辍保学"专项行动。全面摸清辍学学生情况，落实"一县一方案""一校一方案""一人一方案"，严格执行依法"控辍保学""四步法"，加大劝返力度，通过严厉打击使用童工的违法犯罪行为和加大对未成年人违法婚姻的治理力度，确保建档立卡贫困家庭辍学学生应返尽返。健全困难学生帮扶制度，制定针对性教学计划，通过插班、单独编班、普职融合等多种形式做好教育安置工作，确保义务教育有保障落到实处。

抓实抓细健康扶贫。把防止因病致贫、因病返贫摆在突出位置，确保建档立卡贫困人口基本医保、大病保险、医疗救助全覆盖。做实大病集中救治、慢病签约服务管理、重病兜底保障，做好政策的有机衔接。继续落实好建档立卡贫困人口县域内定点医疗机构"先诊疗后付费"政策，巩固贫困地区县乡村三级医疗机构达标成果。

持续抓好住房保障巩固提升工作。及时出台《〈实施决战决胜脱贫攻坚百日提升行动的工作方案〉的通知》《关于建立农村贫困群众住房安全保障动态监测工作机制的通知》，完善农村贫困群众住房安全保障动态监测工作，夯实农村贫困人口"危房不住人、住人无危房"工作目标。

织密织牢社会保障网。精准认定农村最低生活保障对象，认真落实"脱贫不脱保""救助渐退"等措施，确保"兜准、兜住、兜牢"。

严格落实农村饮水安全管理"三个责任"①和"三项制度"②，围绕"建好、用好、管好"，全面补齐贫困地区水利基础设施短板。

5.提升贫困村发展动力

进一步加强贫困村基础设施建设，完善公共服务体系，聚焦农村"厕所革命"、生活垃圾和污水处理、村容村貌提升，扎实推进农村人居环境整治。盘活村集体资金、资源、资产，因村制宜、分类施策发展壮大村集体经济。加强贫困村创业致富带头人培训，建立健全全

---

① "三个责任"：指地方人民政府主体责任、水行政主管部门行业监管责任、供水管理单位运行管理责任。

② "三项制度"：指农村饮水工程运行管理机构、农村饮水工程运行管理办法、农村饮水工程运行管理经费。

覆盖、多样化创业带贫能力提升机制。强化基层治理能力提升，推进移风易俗，激发群众内生动力。

6.整改问题动态清零

进一步抓好问题整改清零行动。聚焦不同渠道发现的问题，盯住影响脱贫攻坚质量的问题，强化"交账"意识，全面开展"三保障"和饮水安全查缺补漏，加强问题整改，确保无疏漏和盲点。

（二）彻底清扫脱贫战场

结合"百日总攻"，在"百日提升"行动中深入开展"户户清""村村清""县县清"行动，确保如期完成问题整改、干净彻底扫尾，脱贫成效经得起国家普查验收、经得起历史检验。

1.对标脱贫"户户清"

对照户脱贫标准，逐户逐人进行梳理。一户一户"对标准"，一户一户"过筛子"，按照缺什么补什么的原则，一条条抓落实，一户一户销号。做到产业、就业、易地扶贫搬迁、失学辍学、基本医疗、危房改造、饮水安全、兜底保障等8个方面存在的问题全部清零。确保以就业为主的贫困家庭劳动力有稳定就业岗位；以种养业及其他经营性项目为主的贫困家庭生产经营良好；兜底对象保障政策到位；贫困人口人均纯收入稳定达到脱贫标准。

2.对标出列"村村清"

对照村出列标准，逐村排查，逐项梳理，做到村级基层组织、基础设施、公共服务、驻村帮扶、集体经济、村容村貌等6个方面存在的问题全部清零。确保未出列贫困村基础设施、公共服务、集体经济全部达标。针对自然灾害严重的现实，做好动态管理，及时组织和动员力量对自然灾害造成破坏的基础设施进行修复。

3. 对标摘帽"县县清"

对照县摘帽标准，逐级逐项排查梳理，以问题整改确保脱贫质量。在大排查行动中，抽调精干力量，以村为单元，以户为核心，对所有建档立卡贫困户和非建档立卡贫困户开展拉网式、全覆盖大排查，逐村逐户逐人"过筛子"。聚焦"两不愁三保障"，重点攻克住房、教育、医疗、饮水、人居环境五项重点工作短板。

（三）严实做好脱贫普查

脱贫攻坚普查是全面检验脱贫攻坚成效、确保脱贫质量的基础性工作。遵照《关于开展国家脱贫攻坚普查的通知》（国办发〔2020〕7号）精神，精心组织、周密部署、狠抓落实。

1. 严格落实普查方案和要求

严格遵循《统计法》《统计法实施条例》和国家脱贫攻坚普查方案开展工作，细化制定普查方案，组织专门的普查人员、成立专门的普查机构开展独立调查、独立报告，如实搜集、报送普查资料。确保普查对象依法依规真实、准确、完整、及时地提供普查所需资料。

2. 加强普查人员培训和管理

加强普查指导员和普查员的培训管理。利用现代科学统计方法和信息技术，直接采集源头数据，加强现场督导和事后质量抽查，建立普查数据质量责任制，强化普查全流程质量管理，确保普查过程扎实、结果可靠，普查数据真实准确。

3. 扎实开展普查工作

按照"试点—推广"工作方法，组织精干力量对脱贫摘帽县进行全面普查，强化普查工作质量管理，完善质量控制办法和监督问责机制，确保普查结果真实可靠。

三、"百日巩固"与接续发展

为进一步巩固脱贫成果，提高脱贫质量，实现未脱贫人口全面稳定脱贫，确保监测对象致贫返贫风险明显降低，2020年10月，启动决战脱贫攻坚"百日巩固"行动。根据贫困地区主要矛盾变化，研究推动减贫战略和工作体系平稳转型，统筹纳入乡村振兴战略，建立长短结合、标本兼治的体制机制，为贫困地区的新生活、新起点奠定坚实基础。

（一）巩固"三大重点"工作

1. 抓实稳岗就业工作

及时做好"四清""四实"稳就业。建立外出务工贫困劳动力稳岗就业工作专班，开展省外务工就业贫困劳动力姓名清、身份证号码清、电话号码清、务工地清"四清"和县内务工就业贫困劳动力人数实、人员实、岗位实、收入实"四实"精准摸排，更新完善信息，及时推送到东部省份和省内用工市场，配合东部地区和昆明等地把贫困劳动力稳在当地、稳在企业。

持续压实责任稳岗拓岗。大力开发就近就地就业岗位，提高就近就业组织化程度，做到以外出务工为主的贫困村都有1个农村劳务合作组织。组建贫困劳动力劳务合作组织，优先将农村小型公益项目交由以贫困劳动力为主的劳务合作组织实施。帮助返乡回流贫困劳动力实现再就业，保障乡内转移贫困劳动力充分就业，确保已务工就业贫困劳动力只增不减。优化公益岗位设置，解决人岗不匹配、虚设岗位等问题。

提前谋划提高就业质量。及早谋划 2021 年就业扶贫工作，做到就业工作早安排早部署，就业信息早收集早发布，技能培训早计划早实施，就业人员早组织早输出，确保外出务工就业贫困劳动力总数稳定增长，转移就业质量提高。

2.抓好产业扶贫工作

进一步夯实产业基础。严格落实整合财政涉农资金总额不低于30%部分投入产业扶贫要求。加大对扶贫产业基地建设、农产品仓储保鲜冷链物流设施建设、带贫新型农业经营主体和产业扶贫对象奖补、特色农产品保险等支持力度。持续加强扶贫产业培育及贫困群众农业生产技术培训，盘活农村集体资产，因地制宜壮大贫困村集体经济。

继续完善产业减贫机制。充分发挥各类新型经营主体带贫作用，确保贫困群众参与和受益。构建"带得稳""带得准"的产业扶贫带贫减贫机制。落实扶贫小额信贷政策，做到"应贷尽贷"，适当延长因疫情影响还款困难的贫困户扶贫小额信贷还款期。

探索产业扶贫新格局。规范扶贫产品认定，加强产销信息监测，推广运用定点扶贫消费采购平台，拓展消费扶贫渠道和路径，力争扶贫产品销售额达 200 亿元以上。科学合理谋划 2021 年及"十四五"产业扶贫工作，逐步形成农业、工业、旅游业、农村一二三产业融合、电商等多业并举的产业扶贫新格局。

3.做实搬迁群众后续帮扶

进一步推动帮扶政策措施落实落地，因户因人精准实施帮扶措施。引导东西部扶贫协作、定点扶贫力量参与集中安置区后续帮扶，推进迁入地扶贫车间招商运营，完善产业发展与搬迁群众的利益联结机制。加强搬迁劳动力动态管理，有针对性开展就业培训，提高就业质量。

健全完善迁出地、迁入地协同管理机制，通过土地流转、退耕还林还草、发展特色产业等，盘活迁出地土地资源，解决好"两头跑"问题，拓宽搬迁群众增收渠道，多措并举推动按时完成拆危拆旧、复垦复绿任务。强化社区治理，让搬迁群众搬得出、留得下、能致富，真正融入新生活。

（二）做好脱贫后续扶持

"要多管齐下提高脱贫质量，巩固脱贫成果"[①]。"防止返贫和继续攻坚同样重要"[②]。云南研究出台《关于完善巩固脱贫成果防止返贫长效机制的意见》，强化政策支持；立足当下，着眼长远，以乡村振兴来巩固拓展脱贫攻坚成果。

1. 落实"四个不摘"要求

全面落实"四个不摘"要求。对退出的贫困县、贫困村、贫困人口扶上马送一程，过渡期内严格做到摘帽不摘责任、摘帽不摘政策、摘帽不摘帮扶、摘帽不摘监管。保持现有帮扶政策、资金支持、帮扶力量总体稳定，加大就业扶贫力度、加大产业扶贫力度、加大易地扶贫搬迁后续扶持力度不松劲，抓好产业就业，易地扶贫搬迁后续帮扶，着力提升"三保障"和饮水安全质量，全面巩固提升脱贫成果。

2. 建立后续扶持机制

加强易返贫和易致贫人口后续扶持。加强易返贫和易致贫人口动

① 习近平：《在解决"两不愁三保障"突出问题座谈会上的讲话》，《求是》2019年第 16 期。

② 习近平：《在解决"两不愁三保障"突出问题座谈会上的讲话》，《求是》2019年第 16 期。

态监测，对返贫和新发生贫困人口，根据致贫原因和帮扶需求，及时提供帮扶，防止脱贫户返贫和边缘户掉队。密切跟踪疫情影响贫困人口产业就业情况，采取针对性的帮扶措施，对脱贫不稳定户、边缘易致贫户以及因疫情或其他原因收入骤减或支出骤增户加强监测，确保及时发现、及时预警、及时帮扶，有效防止 38.6 万重点监测人口返贫和 39.1 万农村边缘人口掉队。

3. 强化社会兜底保障

进一步落实低保政策，做到应纳尽纳、兜底保障。面对新冠肺炎疫情的影响，聚焦特殊群体，发挥好社会救助兜底保障托底功能。及时足额发放低保金、特困供养金、孤儿基本生活费、救助补助金、物价临时补贴等，切实保障好疫情防控期间困难群众的基本生活。优化程序、简化流程，全力推行"一部手机办低保"，及时帮助困难群众解决低保申请问题，让困难群众可以足不出户申请低保办理，做到当月申请、当月确定、当月发放最低生活保障金。

关注受疫情影响导致基本生活出现困难的群众，及时将其中符合条件的纳入低保、特困人员救助供养或给予临时救助。2020 年一季度，共救助困难群众 11000 多人次，支出资金 900 余万元。发挥好救助管理机构的作用，根据外来人员遇到的困难，及时提供临时住宿、饮食方面的帮助，解决他们临时性的困难问题。

（三）加强贫困监测与防控

根据扶贫工作主要矛盾的变化，转变扶贫工作重心，强化扶贫对象精准管理，建立监测和动态帮扶机制，建立风险防控机制，接续推进乡村振兴。

1.强化扶贫对象动态管理

聚焦"两不愁三保障",逐人逐户对标对表,对扶贫对象做到"应退尽退、应纳尽纳",对监测对象做到"及时发现、及时帮扶",高质量完成扶贫对象动态调整,锁定建档立卡贫困人口,锁定帮扶工作和脱贫成效,实现扶贫对象动态管理和贫困县退出专项评估检查、第二轮脱贫攻坚普查登记等工作无缝衔接。围绕"账账相符、账实相符"的要求,高质量完成扶贫对象信息采集、更新和录入工作,确保扶贫数据共建、共享、一致,实现县级闭合。

2.建立监测和动态帮扶机制

密切跟踪疫情影响贫困人口产业就业情况,对脱贫不稳定户、边缘易致贫户以及因疫情或其他原因收入骤减或支出骤增户加强监测,确保及时发现、及时预警、及时帮扶,防止返贫。各州(市)统筹协调返贫监测预警工作,县(市、区)、乡(镇)、村承担发布返贫致贫预警主体责任,因户因人精准施策,综合运用产业就业、教育扶贫、健康扶贫、金融扶贫、兜底保障、社会帮扶等措施,及时分类帮扶、动态帮扶,形成早发现、早预警、早分析、早帮扶的工作机制。

3.建立风险防控与分担机制

建立产业扶贫风险评估机制。对扶贫资金投入的产业项目开展风险评估,在规划编制、项目库管理和政策措施落实、产业技术指导上进行评估,对带贫主体企业信用、产销对接、带贫能力和利益分配进行评估,推动贫困地区一二三产业发展。

建立保险兜底稳脱贫机制。探索实施贫困户扶贫产业政策性农业保险,支持连片规模发展的扶贫产业项目参保,支持贫困劳动力按规定参加失业保险,增强贫困户和带贫主体抗风险能力。

建立金融风险分担机制。引导各类参与扶贫的经营主体和贫困户参与农业保险,当贫困户和扶贫企业产业发展发生损失时,由政府、金融机构、保险公司按比例分担风险。

（四）接续推进乡村振兴

做好脱贫攻坚经验总结，为实施乡村振兴战略提供经验借鉴。以"十四五"规划为契机，将乡村振兴和扶贫工作进行有机融合。

1. 推进规划思路的有机融合

将脱贫成果巩固、相对贫困治理置于乡村振兴的战略构想之中。在逐步完善社会保障制度、社会救济制度的基础上，侧重产业、就业的可持续扶持。以乡村振兴经济、政治、文化、社会、生态的全面进步来巩固脱贫成果和促进相对贫困治理。同时，把脱贫攻坚规划中需长期、持续推进的任务、工程、项目等纳入乡村振兴规划。

2. 推进重大工程移植与嫁接

把脱贫攻坚"五个一批"工程、党建扶贫"双推进"、激发群众内生动力方面的重大举措与乡村振兴产业振兴、人才振兴、文化振兴、生态振兴、组织振兴等重大举措有机结合起来，建立向脱贫成果巩固任务重、相对贫困治理难度大的地方倾斜的制度。

3. 推进重点工作的有机衔接

全面梳理脱贫攻坚各项政策举措执行效果，推动部分临时性、超常规政策举措转化为常态化的制度保障。把产业就业扶持与产业兴旺衔接起来，把农村人居环境整治、生态扶贫与生态宜居衔接起来，把移风易俗、革除陋习与文化振兴、乡风文明衔接起来，坚持把党建扶贫"双推进"与治理有效衔接起来等。对攻坚期内实施的易地扶贫搬迁、产业扶贫、就业扶贫等重点举措，进一步安排好后续工作。做好群体统筹衔接，加大对农村边缘户、相对落后非贫困村的帮扶力度。

4. 推进保障措施的有机衔接

加强组织领导，把"五级书记抓扶贫""中央统筹、省负总责、市（县）抓落实"的工作体系应用到乡村振兴中。把脱贫攻坚的投入保障体系移植到乡村振兴投入保障体系中，把脱贫攻坚的考核评估体系优化后融入乡村振兴考核体系中，把抓党建促扶贫的保障措施移植到乡村振兴保障体系中。做好工作力量统筹衔接，根据工作需要调整完善专项扶贫、行业扶贫、社会扶贫"三位一体"的工作格局，发挥东西部扶贫协作、定点扶贫以及军队、社会力量在脱贫攻坚和实施乡村振兴战略中的作用。

通过三个"百日行动"，建立巩固脱贫成果的体制机制，进一步提高了脱贫质量，为贫困群众稳定增收提供了保障，为解决 2020 年后相对贫困问题、实现乡村振兴奠定了基础。经过 5 年的努力，云南脱贫攻坚战圆满收官，取得了显著的成效，积累了宝贵的经验，积淀了伟大的精神。然而，正如习近平总书记指出"当前，我国发展不平衡不充分问题仍然突出，巩固拓展脱贫攻坚成果的任务依然艰巨"①。云南将深入贯彻落实党的十九届五中全会精神，巩固拓展脱贫攻坚成果。继续保持帮扶政策总体稳定，严格落实"四个不摘"要求，保持现有帮扶政策、资金支持、帮扶力量总体稳定。健全防止返贫监测帮扶机制，继续对脱贫县、脱贫村、脱贫人口开展监测，持续跟踪收入变化和"两不愁三保障"巩固情况，定期核查，及时发现，及时帮扶，动态清零。持续发展壮大扶贫产业，继续加强脱贫地区产业发展基础设施建设，拓展销售渠道，创新流通方式，促进稳定销售。做好脱贫人口稳岗就业，加大对脱贫人口职业技能培训力度，加强东西部

---

① 《中共中央政治局常务委员会召开会议 听取脱贫攻坚总结评估汇报 中共中央总书记习近平主持会议》，新华网 2020 年 12 月 3 日。

劳务协作，鼓励支持东中部劳动密集型产业向西部地区转移。要强化易地搬迁后续扶持，完善集中安置区公共服务和配套基础设施，因地制宜在搬迁地发展产业，确保搬迁群众稳得住、有就业、逐步能致富。加强资金资产项目管理，建立健全资产管理制度，持续发挥效益。兜住民生底线，规范管理公益岗位，以现有社会保障体系为依托，促进弱劳力、半劳力等家庭就近就地解决就业，保障群众基本生活。使贫困人口脱贫后的好日子越来越红火。

第 五 章

实践成效　经验启示　伟大精神

　　党的十八大以来，尤其是 2015 年以来，省委、省政府团结带领全省各族人民，坚持把习近平总书记关于扶贫工作的重要论述和两次考察云南的重要讲话精神作为决战决胜脱贫攻坚根本遵循和行动指南，坚持政治引领，压实责任，以脱贫攻坚统揽经济社会发展全局，开展了历史上规模最大、力度最强的脱贫攻坚战。经过持续奋斗，全省现行标准下农村贫困人口全部脱贫，88 个贫困县全部摘帽，8502 个贫困村全部出列，11 个"直过民族"和人口较少民族实现整体脱贫，困扰云南千百年的绝对贫困问题得到历史性解决。

一、实践成效

　　经过 5 年多的奋斗，"脱贫、摘帽、增收"目标任务如期实现，"一个都不能掉队"承诺如期兑现，贫困地区生产生活条件发生巨变，边疆民族地区贫困治理能力显著提升，各族群众获得感、幸福感和安全感明显增强，更加坚定不移跟党走。长期沿袭的省情特征之一"贫困"被"美丽"取代。

（一）"不让一个民族掉队"的庄严承诺如期兑现

脱贫摘帽出列的目标如期实现，深度贫困地区歼灭战圆满收官。截至 2020 年 12 月 8 日，全省现行标准下农村贫困人口全部脱贫，8502 个贫困村全部出列，88 个贫困县全部脱贫摘帽，11 个"直过民族"和人口较少民族实现整族脱贫，"决不让一个兄弟民族掉队，决不让一个民族地区落伍""小康路上一个都不能掉队"的庄严承诺如期兑现，困扰云南千百年的绝对贫困问题得到历史性解决。全省经济社会发展迈入新阶段，更美好的日子还在后头。

（二）"两不愁三保障"的目标全面实现

"两不愁"质量水平得到较大提高。截至 2019 年末，全省贫困地区农村居民人均消费支出达到了 8844 元，比 2012 年增加了 1.35 倍，年均增速为 13.0%，每年快于收入增速 0.6 个百分点，农村贫困地区恩格尔系数由 2012 年的 47.7%，逐年下降到 2019 年的 34.3%，"不愁吃、不愁穿"质量水平得到较大提高。

"三保障"突出问题得到总体解决。教育扶贫方面，88 个贫困县实现县域义务教育均衡发展，义务教育学校办学条件"20 条底线"全部达标，依法控辍保学，实现动态"清零"。健康扶贫方面，88 个贫困县县乡村医疗机构全部达标，实现建档立卡人口基本医保、大病保险、医疗救助全覆盖。现在农村人口看病报销比例达到 90%。易地扶贫搬迁方面，实现了云南历史上规模最大的百万人大搬迁，实现了一步跨千年的壮举。全省搬迁建档立卡贫困人口 99.6 万人、随迁人口 50 万人，建成集中安置区 2832 个，已全部搬迁入住。农村危房改造方面，聚焦 4 类重点对象，实施 86.6 万户建档立卡贫困户危房改造，实现"危房不住人、住人无危房"。农村饮水安全方面，贫困人口水量、水质、取水方便程度、供水保障率全部达标。兜底保障方面，农村低保标准提高到年 4500 元，建档立卡低保对象 150.8 万人，实现了应保尽保。546.26 万符合条件的建档立卡人口全部参加城乡居民养老保险，41 万残疾人纳入了扶贫对象。产业扶贫方面，以打造世界一流"三张牌"为牵引，推动扶贫产业覆盖建档立卡户达到 168.53 万户，各类新型经营主体与 168.03 万贫困户建立利益联结。就业扶贫方面，坚持一手抓外出务工、一手抓就近就地就业，2020年贫困劳动力外出务工人数达到 318.19 万人，公益岗位聘用贫困劳动力 44.31 万人。生态扶贫方面，88 个贫困县累计实施退耕还林还草 1212.81 万亩，累计选聘生态护林员 17.7 万人，带动 70 万贫困人口脱贫[1]。

贫困地区农民收入增速持续高于全省平均水平。全省贫困地区农民人均可支配收入由 2012 年的 4749 元上升到 2019 年的 10771 元，年均增长 12.4%，快于同期全省平均水平 0.5 个百分点。尤其是 2015年以来，全省贫困地区农民人均可支配收入年均增长 11.1%，快于全省平均水平 1.5 个百分点。

（三）农村地区基础设施条件显著改善

农村贫困地区基础设施条件整体显著改善。全省农村贫困地区群众出行难、用电难、上学难、看病难、通信难等长期没有解决的问题得到有效解决。县域高速公路"能通全通"工程顺利推进，全省高速

---

[1] 《国新办在昆明举行云南脱贫攻坚情况新闻发布会》，国新网 2020 年 12 月 8 日。

公路主线基本贯通，通车里程达到 6003 公里，90 个以上县实现了通高速公路。实现所有建制村 100% 通硬化路，全省 12 个州（市）和 116 个县已实现具备条件的建制村 100% 通客车，14449 个建制村中已通客车 14305 个。全省贫困村 100% 通动力电，实现光纤宽带网络全覆盖。建设"云岭先锋"为民服务站 8502 个、村民小组活动场所 25981 个。

沿边地区生产生活基础设施大为改善。通过两轮"兴边富民工程"的接续推进，沿边地区全面实现"五通八有三达到"目标，住房安全、产业支撑基础、基础设施建设、公共服务、村寨环境、劳动者素质等得到全面提升。沿边群众生产生活条件得到显著改善，守边固边与脱贫致富、民族团结进步全面发展，与全省、全国人民一道迈入全面小康社会。

"直过民族"和人口较少民族地区基础设施显著改善。2019 年末，2.5 万公里的"直过民族"及沿边地区 20 户以上自然村通硬化路工程已累计建成 20492 公里，7921 个自然村实现通畅。"直过民族"聚居区 604 个贫困村已经全部实现通硬化路、生活用电、动力电、光纤、宽带，全部建成标准化卫生室、"云岭先锋"为民服务站、活动场所。

电商物流等基础设施得到极大改善。全省现代物流产业市场主体结构不断优化、物流规模持续扩大、发展环境明显改善，有力促进贫困地区"工业品下行、农产品上行"。截至 2019 年，全省重点物流项目累计完成投资 192 亿元；A 级以上物流企业达到 96 户，较 2016 年翻了一番，居西部省份第二位；5A 级物流企业增加至 7 户，多家物流企业设立境外公司，跨境物流服务网络不断完善；129 个县级物流集散中心加快推进，农村电商物流配送服务乡（镇）覆盖率达 100%，实现贫困地区电商与物流协同发展，带动了消费扶贫的快速增长。

（四）贫困地区生产生活方式深刻巨变

贫困地区基础公共服务短板不断补齐，不仅仅是通行的便利，更为贫困地区特别是深度贫困地区各族群众点燃了希望，贫困群众生产、生活、教育、就医等条件显著提升，贫困群众生产生活方式发生深刻巨变。从过去的"晴通雨阻"、人背马驮，到现在通行便利、物流电商进进村助力贫困地区产业扶贫。农村科技扶贫成效显著，新品种应用推广、农田水利设施条件改善、农业产业结构调整，新型经营主体带贫能力提升，助推贫困地区高原特色现代农业发展，将贫困地区大量农村剩余劳动力从传统种养殖业中"解脱出来"，促进非农产业就业增收，贫困群众生产方式明显发生转变。同时，贫困地区陈规陋习逐渐破除，健康文明风尚正在形成，村规民约得以遵守，垃圾围村等现象大大减少。尤其是99.6万人建档立卡贫困人口中绝大部分易地搬迁城镇化集中安置，实现从传统农耕文明向现代城市文明的过渡，贫困群众生活方式深刻巨变。如今，现代产业取代了刀耕火种，电商走进了基诺山寨，德昂山寨年轻人学会了用手机学习农业生产技术，而9个"直过民族"整族脱贫，实现了社会形态和物质形态"两个千年跨越"。

（五）边疆民族贫困治理体系不断健全

顶层设计不断优化，制度供给能力持续强化。全面对标对表中央政策，及时出台349个政策文件，不断完善脱贫攻坚政策举措，构成事前、事中、事后全程规范的政策体系。

民族特色不断彰显，实践举措与时俱进。针对"直过民族"和人口较少民族，创新探索出"一族一策、一族一帮""一个民族一个行动计划""一个民族一个集团帮扶"的整族脱贫帮扶做法。在政策力度、投入力度空前的帮扶举措下，独龙族、德昂族等"直过民族"，实现了从整族贫困到整族脱贫、一步跨千年的历史"蝶变"，成为边疆民族地区生产生活翻天覆地变化的成功典范。

锻造了一支有情怀敢担当善作为的贫困治理队伍。2016 年以来，全省累计派出了 4.85 万人（次）党员干部到贫困村担任第一书记、21.61 万人（次）干部驻村帮扶[①]，锤炼出了一支过硬的脱贫攻坚干部队伍，打造出了一支"云岭铁军"、一支有情怀、留得住、能战斗、带不走的贫困治理队伍。他们以"朝受命、夕饮冰"的使命感，以"昼无为、夜难寐"的紧迫感和"但愿苍生俱饱暖，不辞辛劳出山林"的奉献精神，以"流血流泪不留遗憾，任劳任怨绝不认输"的奋斗状态，众志成城奋力攻坚，用自己的辛苦指数换来贫困群众的幸福指数和灿烂笑脸。涌现了"人民楷模"高德荣、"时代楷模"朱有勇、"最美支边人""背篓医生"管延萍等为代表的先进典型。全省扶贫领域共有 170 多位扶贫干部牺牲在了扶贫一线。活跃在云岭大地的这支特殊队伍，不仅是一支有着对党、对人民高度负责高尚情怀的队伍，而且是一支对人民事业敢担当的队伍。他们以贫困不灭、愧对国家，群众不富、寝食难安的心志，以"滴水穿石""咬定青山不放松"的恒心和韧劲，以拼搏实干不懈怠，"不破楼兰终不还"的拼劲，秉持钉钉子攻坚克难精神，以铁一般信仰、铁一般信念、铁一般纪律、铁一般担当，夙夜在公，殚精竭虑。尽职尽责、善作善成。他们比责任担当、比干事能力、比精神状态、比工作业绩、比脱贫成效，增强了善作为的过硬本领，提升了贫困治理水平和能力，密切了党群干群关

---

① 《国新办举行云南脱贫攻坚情况新闻发布会》，国新网 2020 年 12 月 8 日。

系，赢得了贫困群众的认同和爱戴。

贫困群众参与机制不断完善，主体性作用持续增强。围绕贫困群众知情权、参与权、监督权等，各项制度体系不断完善。村民自治、一事一议等制度和以工代赈、以奖代补等政策得到有效落实，贫困村"两委"联席会议、"四议两公开"和村务监督等工作制度全面落实，群众评议、群众参与、群众监督方式方法不断创新。扶贫项目、扶贫资金公告公示制度全面建立，社会监督体系不断完善，群众参与方式不断创新。

多元投入体系不断完善，合力攻坚格局日趋成熟。专项扶贫、行业扶贫、社会扶贫"三位一体"大扶贫格局不断完善，投入力度历史空前。东西部扶贫协作、中央定点帮扶和其他社会组织投入脱贫攻坚的力度空前，带动了政府、社会、市场各种扶贫力量协同推进，形成了强大攻坚合力。正是在合力攻坚推动下，全省各项扶贫工作投入得到足额保障，脱贫攻坚各项工作顺利推进。

党建扶贫"双推进"成为"云南特色"。"五级书记"抓扶贫的领导体制和党政"一把手"负责的脱贫责任体系全面落实。基层党组织阵地建设达标工程全面完成，领头雁工程深入推进，基层党组织人才队伍选优配强。在"挂包帮"基础上，"双一双"活动深入推进，机关党支部与农村党支部结对共建，合力促进贫困村脱贫攻坚。党员帮带贫困户制度在全省推广，"党支部＋产业"发展模式得到成功实践，党建带扶贫作用明显增强。

（六）广大人民群众的思想观念发生转变

不等不靠观念入心入脑。全省贫困群众不断摆脱思想和精神等意识贫困。简单发钱发物的"输血式""保姆式"帮扶局面得到扭转，

"爱心超市""绿色货币""文明银行"等扶贫新方式全面推广，新时代文明实践中心等平台建设深入推进，扶贫扶志志愿服务、"小手拉大手，学生带家长"等活动深入开展，贫困群众由"要我脱贫"向"我要脱贫"转变，贫困群众就业创业增收的自信心和发展能力不断增强。贫困劳动力转移就业，走出去后"挣了票子，换了脑子，练了胆子，育了孩子，闯了路子"，思想观念履发生了很大变化。

踏实苦干奋斗出幸福生活。艰苦奋斗既是中华民族的传统美德，又是奋进新时代、创造人民美好生活的根本途径。在脱贫攻坚中，文山州西畴县在被称为"地球癌症"的石漠化地区探索出"石漠化贫困地区脱贫"的新路子，铸就了"苦熬不如苦干，等不是办法、干才有希望"的"西畴精神"。"我们缺条件、但不缺精神、不缺斗志"的怒江精神受到称颂，"缺氧不缺精神"的迪庆誓言令人钦佩。这些都是云岭大地脱贫攻坚征途上"最美奋斗者"激荡出来的踏实苦干、苦干实干的一个个缩影，是"中国减贫方案""云南实践"取得成功的真实生动写照。

各族群众感党恩坚定不移跟党走。脱贫攻坚使各族贫困群众从"贫困"中彻底解放出来了，极大地增强了人民群众的获得感幸福感安全感，在思想上观念上精神上实现了翻天覆地的变化。尤其是"直过民族"和人口较少民族物质和精神形态实现"两个千年跨越"，实现了从整族贫困到整族脱贫，这是"直过民族"和人口较少民族发展史上的奇迹，也是党的民族政策和脱贫攻坚政策在边疆民族地区的生动写照。边疆各族群众精气神更足了，民心向党、人心思富，"吃水不忘挖井人，致富不忘感党恩"，更加坚定不移地心向党、听党话、跟党走。

脱贫攻坚取得的成就，充分彰显了中国共产党领导的政治优势和中国特色社会主义的制度优势；充分彰显了中国特色社会主义的道路自信、理论自信、制度自信和文化自信，创造了"中国奇迹""云南样本"。

二、经验启示

脱贫攻坚，讲的是政治，干的是民生，体现的是大局，反映的是党性。云南脱贫攻坚之所以能够取得如此辉煌的成就，关键在于我们坚持党的领导，坚持人民至上，坚持发挥制度优势，坚持精准方略，坚持群策群力，坚持一族一帮，这是云南脱贫攻坚战中积累的宝贵经验。

（一）坚持党的领导是根本保证

中国共产党领导是中国特色社会主义最本质的特征，是中国特色社会主义制度的最大优势。中国共产党始终坚持把消除贫困、改善民生、实现共同富裕作为社会主义的本质要求，把为人民谋幸福作为自己的初心。云南作为主战场之一，决战脱贫攻坚之所以能取得前所未有的成就，首要的、最重要的一条经验，就是坚持党对脱贫攻坚工作的领导。自脱贫攻坚战打响以来，各级党组织发挥统揽全局、协调各方的领导核心作用，始终把脱贫攻坚作为全省经济社会发展的头等大事和第一民生工程，依靠党的坚强领导，发挥强大的政治动员能力和优势，迅速高效地动员起各方力量、各种资源，对脱贫攻坚中出现的各种风险和疑难及时作出决策，以踏石留印、抓铁有痕的劲头，集中力量打好歼灭战，如期完成脱贫攻坚目标任务。

（二）坚持"一家人都要过上好日子"是奋斗目标

坚持"各族群众都是一家人，一家人都要过上好日子"的根本立场，这是我们党对历史、对人民的一份交代。云南坚持整族帮扶，创新了"一族一帮、一族一策"的做法，把太多不可能变成了可能，书写了气壮山河的人间奇迹。坚持全心全意为人民服务的根本宗旨，坚持以人民为中心的发展理念，坚持人民主体地位，尊重人民的首创精神，团结带领各族人民持续向贫困宣战。践行了不怕苦、不怕累、不怕牺牲的反贫困精神，抒写了以人民为中心的拳拳情怀，最终夺取了脱贫攻坚战全面胜利，坚决践行了"小康路上一个都不能掉队"庄严承诺。

（三）坚持制度优势是制胜密码

坚持中国特色社会主义制度的显著优势，是脱贫攻坚取得成功的关键，是打胜脱贫攻坚战的制胜密码。脱贫攻坚取得举世瞩目的辉煌成就，充分彰显中国特色社会主义制度的优越性。立足云南省情，充分发挥社会主义制度集中力量办大事的优势，迸发出巨大的攻坚合力，运用"党委领导、政府主导、社会参与"的工作机制，形成跨地区、跨部门、跨行业、全社会多元主体共同参与的脱贫攻坚体系。制度优势具体体现在扶贫资源动员、整合和精准配置的强大组织能力上，体现在社会各方力量汇聚上，体现在"挂包帮"结对帮扶、中央和集团定点帮扶以及跨省（市）东西部扶贫协作上，体现在精准管理、督导检查、挂牌督战各环节上。没有集中力量办大事的显著制度优势，绝对不会有如此"硬核"的脱贫攻坚成就。

（四）坚持精准扶贫是基本方略

脱贫攻坚战之所以能够夺取全面胜利，一条重要经验就是坚持了精准扶贫是基本方略，把握了精准脱贫的根本方法，这是夺取脱贫攻坚战全面胜利的关键所在。坚持精准识别，扣好第一粒扣子；坚持"六个精准"的基本方略，打好精准政策"组合拳"，建立精准脱贫攻坚工作体系，解决了"扶持谁""谁来扶""怎么扶"等一系列问题，克服了传统单纯依靠政府送钱送物的"授鱼"模式，充分发挥市场在脱贫攻坚中配置资源、吸引资本、激发活力的作用，"授贫困者以渔"，使贫困户真正成为市场的经济主体，激发出贫困户脱贫攻坚的内生动力。始终坚持把精准施策作为打赢脱贫攻坚战的关键环节来抓，始终坚持把精准动态管理作为打赢脱贫攻坚战的重要保障来落实，扎实推进区域发展与精准扶贫"双轮驱动"相结合，探索出"贫困对象家底清、致贫原因清、帮扶措施清、投入产出清、帮扶责任清、脱贫时序清"六清工作方法，受到国务院的充分肯定，并向全国推广。

（五）坚持资源整合是有效举措

"积力之举，则无不胜也"。脱贫攻坚战之所以能够取得全面胜利，与坚持加大投入和强化资金支持的做法分不开；与长期坚持动员和引导全社会力量广泛参与，促进政府、社会、市场协同推进和扶贫资源有力整合的实践分不开。云南坚持涉农资金省级源头整合，破除"难落实、不能整、不敢整"等体制机制性障碍，支持贫困县整合部门分散、项目分散的涉农资金，集中财力办大事，真正把有限资金用在刀刃上。坚持多元投入保障，是打赢脱贫攻坚战的"源头活水"；坚持充分发挥政府投入主体和主导作用；坚持打造和形成专项扶贫、行业扶贫、金融扶贫、援滇扶贫、社会扶贫等有机结合和互为支撑的大扶贫格局。

（六）坚持群众主体是动力源泉

脱贫攻坚战取得胜利，是云南长期坚持尊重群众主体地位、坚持群众路线、组织群众、发动群众、依靠群众的实践结果。云南始终坚持群众主体地位，不断激发内生动力，把增加贫困群众收入、"富口袋"作为主要目标，以产业融合为方向，抓实产业扶贫，培强脱贫根基。坚持转变帮扶方式，采用生产奖补、劳务补助、以工代赈等方式，提高贫困群众在扶贫项目各个环节的参与度，树立主体意识，发扬自力更生精神，激发改变贫困面貌的干劲和决心。

（七）坚持东西协作是重要手段

打胜脱贫攻坚战，与长期坚持借外力、强内力、形成脱贫攻坚合力的做法分不开，与长期坚持东西部通力协作的实践分不开。上海、广东两省市加力用劲，把真心真情变为真金白银。在原来安排上海帮扶的基础上增加广东东莞市、中山市和珠海市分别与云南昭通市、怒江州开展扶贫协作。云南与上海、广东跨山海、聚深情，坚持高位推动，完善工作联席会议制度、高层互访机制，务实协作，整合推进。坚持"三个到位"，即帮扶意识和工作态度到位、政策措施到位、工作机制到位；在资金使用上精准发力，坚持向民生倾斜、向深度贫困倾斜，在产业发展、劳务协作、技术培训上、社会动员上精准发力，将沪滇、粤滇合作打造成为东西协作一大品牌，为东西协作积累了宝贵的经验。

（八）坚持党建引领是坚强保障

抓好党建促扶贫是打赢脱贫攻坚战的一条重要经验。坚持"五级书记"抓扶贫和党政"一把手"脱贫责任制，省委省政府同16个州（市）签订脱贫责任状，实行省级干部包县、厅级干部包乡、县级干部包村及驻村工作队、第一书记和乡镇干部包户的"四包"制度，确保每一个贫困县都有领导挂联，每一个贫困乡（镇）、贫困村都有领导和部门、单位挂包，每一个贫困村都有驻村扶贫工作队，每一户贫困户都有干部职工结对帮扶，做到不脱贫不脱钩。把扶贫开发同基层组织建设有机结合起来，抓好以村党组织为核心的村级组织配套建设，把基层党组织建设成为带领贫困地区群众脱贫致富、维护农村和谐稳定的坚强领导核心。脱贫攻坚与基层党组织建设"双推进"，党建带扶贫、扶贫促党建，已成为"云南特色"。

三、从云南实践看脱贫攻坚伟大精神

作为全国脱贫攻坚的主战场，5年多来，云南脱贫攻坚的实践创新，创造了举世瞩目的脱贫奇迹，凝聚了脱贫攻坚伟大精神。

（一）迎难而上、铁肩担当的攻坚克难精神

在习近平新时代中国特色社会主义思想指引下，坚决贯彻党中

央、国务院和云南省委、省政府重大决策部署，以初心使命为航标，内化于心，外化于行，持续向贫困宣战，凝聚起最强的攻坚"战力"，拿出了苦干实干精神，脱贫中之贫、解困中之困、攻坚中之坚、克难中之难，以"敢叫日月换新天"气魄，秉持钉钉子攻坚克难精神，以铁一般信仰、铁一般信念、铁一般纪律、铁一般担当，夙夜在公，殚精竭虑，尽职尽责，善作善成，勇当"尖刀班""爆破手"，推进了从原始社会末期直接过渡到社会主义社会的独龙族、德昂族等"直过民族"，实现了从整族贫困到整族脱贫、一步跨千年的历史"蝶变"，展现出云岭大地各族儿女攻坚克难的精神。

（二）自强不息、苦干实干的艰苦奋斗精神

"奋斗是万物之父"。在这场伟大的脱贫攻坚战中，广大干部群众没有向贫困低头认输。面对恶劣的自然环境、艰苦的工作生活条件、面大程度深的贫困现状，没有坐等观望、坐失良机，而是积极响应党中央国务院的战斗号令，在习近平总书记"小康路上一个都不能少"的殷殷嘱托鼓舞下，每天都在进行着新的实践、创造着新的奇迹、书写着新的史诗。"搬家不如搬石头、苦熬不如苦干，等不是办法、干才有希望"的"西畴精神"，把中华民族愚公移山精神生动地写在云岭大地上，是脱贫攻坚路上"最美奋斗者"激扬出来的奋斗精神，是三迤大地上各族儿女勤劳勇敢、自强不息的真实写照，筑就了脱贫攻坚伟大的精神丰碑，凝聚了打赢脱贫攻坚战的强大精神动力。

（三）敢为人先、勇于探索的开拓进取精神

思想领航理论指路，各族人民群众在脱贫攻坚战中充分激发出了

敢为人先的创造进取精神。发扬敢想敢干、敢为人先的进取精神，努力探索整族脱贫、整村推进及至于整县推进、整州推进等成功模式和经验，在全国率先探索和实践"一族一策、一族一帮""一个民族一个行动计划"等有效举措和好的做法，使任务最艰巨的"主战场"同全国一道打赢打胜脱贫攻坚战，创造了直过民族"两个千年跨越"的伟大奇迹，向历史、向人民交上一份合格的答卷。

（四）勠力同心、众志成城的坚韧拼搏精神

自脱贫攻坚战打响以来，各族干部群众坚定信心不动摇，扛实责任不懈怠，咬定青山不放松，下最大决心、以最强力度，打起百倍精神，勠力同心，众志成城，努力不止，坚决啃下最难啃的硬骨头，"不获全胜、决不收兵"，坚决完成贫困人口全部脱贫、贫困村全部出列、贫困县全部摘帽的硬任务、底线任务，坚决如期打赢脱贫攻坚这一场历史性决战，坚决向全国人民兑现"全面小康路上一个不能少、一个不能掉队"的庄严承诺。

（五）尽锐出战、公而忘私的牺牲奉献精神

脱贫攻坚战的号令枪打响以来，广大党员干部以"朝受命、夕饮冰"的使命感、"昼无为、夜难寐"的紧迫感和"但愿苍生俱保暖，不辞辛劳出山林"的奉献精神，奔赴脱贫攻坚主战场，把对云岭每一寸土地、每一个老百姓的爱，化作迎难而上、攻坚克难的强大动力，当表率、作示范，冲在脱贫攻坚战最前沿。云岭大地上已锻造出了一支有情怀、敢担当、善作为且留得住、能战斗、带不走的"三农"干部人才队伍，涌现出了一批批以"人民楷模"高德荣、"时代楷模"

朱有勇、"初心如磐使命如山"的郭彩廷、"最美支边人""背篓医生"管延萍等为代表的先进典型，已成为打赢脱贫攻坚战的"时代中坚"，在广大贫困群众中树立了"一名党员干部就是一面旗帜"的良好形象。党员干部为边疆各族群众脱贫事业呕心沥血，170名党员干部牺牲在扶贫战线上，谱写了一曲曲催人泪下、可歌可泣的英雄赞歌，成为伟大牺牲精神的生动诠释。

（六）守望相助、八方支援的团结协作精神

民族团结、守望相助始终是云南脱贫攻坚战的主基调、主旋律。以建设民族团结进步示范区为引领，将民族团结进步事业与脱贫攻坚工作"双融合、双促进"，制定实施了三轮"十县百乡千村万户示范创建工程"行动计划，村帮村、户帮户、结队帮扶攀穷亲等机制，让各族干部群众在摆脱贫困中心手相牵、互帮互助，促进各兄弟民族共同发展、共同进步，增强各族群众获得感、幸福感和安全感，增强各民族都是一家人的中华民族认同感，铸牢中华民族共同体意识，"促进各民族像石榴籽一样紧紧抱在一起"。中央定点帮扶，部门挂钩帮扶，企业集团倾囊相助，上海、广东跨山海、聚深情，东西部协作扶贫等举措，弘扬了中华民族优良传统，凝聚山海情深、心手相连、扶贫济困、守望相助的大爱精神，是对"守望相助，八方支援"的团结协作精神最好注解。

"脱贫摘帽不是终点，而是新生活、新奋斗的起点。"在这场波澜壮阔、回肠荡气、史诗般的脱贫攻坚战中，云南积累了丰富的宝贵经验和重要启示，铸就了伟大的脱贫攻坚精神，成为新时代云南高质量发展的不竭动力和宝贵财富。新发展阶段，要以习近平新时代中国特色社会主义思想为指导，深入学习贯彻党的十九届五中全会精神和习

近平总书记考察云南重要讲话精神，巩固拓展脱贫攻坚成果，保持帮扶政策总体稳定，严格落实"四个不摘"要求，健全防止返贫监测帮扶机制，持续发展壮大扶贫产业，扎实做好脱贫人口稳岗就业，强化易地搬迁后续扶持，兜住民生底线，全面推进乡村振兴，谱写新时代中国特色社会主义云南新篇章。

第 六 章

典型案例　感人故事　大事记

在脱贫攻坚实践中，云南各州（市）、县（市、区）形成了许多脱贫攻坚典型经验和好的做法，涌现出像吴国良、郭彩廷、王秋婷等倒在脱贫一线、用生命捍卫入党誓词的党员干部，还有像高德荣、朱有勇、张桂梅等投身扶贫的先进人物及事迹。

一、典型案例

案例一：五带动五破解　推动产业扶贫

——临沧市创新产业发展模式夯实脱贫基础

临沧市立足自身资源禀赋，用工业化理念谋划农业，全力推进基地建设、精深加工、品牌培育、产业链延伸、市场开拓，促进了一二三产业融合发展，走出了特色产业扶贫新路子，实现了贫困户持续稳定增收。

基地带动，破解贫困群众产业发展小而散、小而弱的问题。针对贫困群众产业发展小而散、小而弱，土地产出率、资源利用率、劳动

—181—

生产率不高的问题，立足实际，围绕南汀河、澜沧江和沿边三大产业经济带建设，按照"一县一品"发展思路，突出"茶、果、糖、菜"等优势产业，以规划为引领，围绕产业布局建设基础设施，推进产业集约化、设施化、标准化、组织化发展，提高产业抵御市场风险能力，避免"谷贱伤农""果贱伤农"现象。截至 2017 年 10 月，共建成甘蔗、核桃、茶叶、澳洲坚果、咖啡、蔬菜等产业基地 2155 万亩，241 个贫困村建成产业基地 280 万亩，实现每个贫困村有 1 个以上产业增收项目，贫困户人均有 5 亩以上产业基地，确保贫困人口有稳定收入来源。

资金带动，破解贫困地区产业发展缺资金、缺投入的问题。针对农业产业投入不足问题，加大投入，发挥政策资金杠杆作用，2017 年在市级财政每年安排 1 亿元的基础上，以县（区）为单位，统筹整合 22 类 30 亿元涉农资金，50%用于产业发展，撬动社会资金投入产业扶贫。发挥奖励资金激励作用，建立产业发展激励机制，对贫困乡（镇）和贫困村，分别给予 200 万元、100 万元产业发展奖励资金；对带动建档立卡贫困户发展达到一定标准的新型农业经营主体，给予 1 万元到 10 万元的扶持；对获得国家和省级绿色名牌产品的分别给予 50 万元、30 万元奖励。发挥金融资金协同服务作用，与 32 家金融机构合作，融资落地资金 108 亿元，发放贫困户产业发展贴息贷款 13.64 亿元，发放新型经营主体贷款 51 亿元。

龙头带动，破解贫困地区农产品下山难、销售难的问题。发挥龙头的带动和辐射作用，以入股分红、安排就业、技术服务等方式吸纳贫困农户参与合作经营，构建起紧密的利益联结机制，改单打独斗为抱团发展，推动农产品下山、进城、出国、上网，解决农产品销售难的问题。到 2017 年 10 月，全市 94 个农业龙头企业、711 个农民专业合作社、38 个家庭农场、352 户专业大户，带动 29628 户贫困户

11.2 万贫困人口发展生产，人均增收 562 元。24 户企业帮助贫困户加工销售 21.17 万饼扶贫茶，筹集扶贫慈善资金 400 多万元。12 户制糖企业以统一供应种苗、统一发放农用物资、统一种植规范、统一价格收购的方式，带动 63 个乡镇 23 万户发展甘蔗基地 130 万亩，惠及蔗农 90 万人，带动贫困人口 2.7 万人。云南滇红集团通过"龙头企业＋村委会＋合作社"的"三位一体"模式，实现鲜叶销售、土地流转、务工、入股分红和集体经济等五大收入，带动贫困户 2310 户 8192 人。云澳达公司带动发展坚果 190 万亩，惠及建档立卡贫困户 1.3 万户 4.6 万人，将"云南坚果"变成"扶贫金果"。

创新带动，破解贫困地区农业产业转型难、转型慢的问题。针对贫困地区农业产业转型难、转型慢的问题，创新机制，以党建扶贫"双推进"和强化督查巡查，为贫困地区和贫困群众找一条转型发展路子。凤庆县开发了以"天之凤"为主的电商平台，走"电商＋供销＋合作社＋质量追溯＋贫困户"的路子，免费为贫困群众提供网上开店交易，实现农村电商建制村全覆盖，解决了贫困户农产品销售最后一公里问题，2016 年实现电商销售收入 2.7 亿元，带动 3000 多户贫困户脱贫。

培训带动，破解贫困群众内生动力激发不充分、不到位的问题。以教育、引导、塑造群众为切入点，把主题教育、技能培训结合起来，做实扶知、扶智、扶志的工作，激发贫困群众内生动力。开展"党的光辉照边疆，边疆人民心向党"实践活动，开展"自强、诚信、感恩"主题教育，增强贫困群众脱贫信心，克服等靠要思想，用自己的辛勤劳动实现脱贫致富。部门联动培训，开展"菜单式""订单式""绿色证书式"等培训，逐步把贫困群众培育成新型农民和产业工人，开辟贫困农户脱贫增收新路径。2017 年上半年，全市培训贫困人口 3.8 万人次，转移就业 2.4 万人，实现人均增收 330 元。沧源县碧丽源茶叶有限公司从教"直过民族"贫困群众刷牙开始培训，转变他们的思想观念，改变生产生活方式，使群众获得土地入股收入、劳动力入股收入、绩效考核收入，2016 年，茶农在基地获得的收入户均 1.8 万元、人均 6725 元。实施建档立卡贫困户人才培养计划，2016 年至 2017 年，滇西科技师范学院招录建档立卡贫困户学生 283 人，中等职业学校共培养乡土人才 2100 名。开展技能扶贫，选派 170 名科技特派员到贫困村开展技能培训，实现每个贫困村有 2 至 3 户农业科技示范户。

案例二：健全机制　创新模式　做好就业扶贫

——昆明市东川区就业扶贫模式亮点纷呈

"有事干、穷根断"，就业是最重要的民生工程。东川区通过建立健全"1+6+N"就业扶贫政策体系，创新"3554"就业模式，即三级书记抓就业、小服务搭建易地搬迁就业大平台、"五化"助力打造"五型"基地、四个精准帮扶，最大限度地促进农村劳动力就业，摸索出一条东川特色的就业扶贫路子。截至 2020 年 4 月，东川区 12.5 万农村劳动力中，已实现就业 10 万人，"小基地搭起易地搬迁就业大平台"经验做法在云南省推广。

"1+6+N"系列政策保就业。制定出台 1 个就业扶贫工作总方案，着力实施春风行动、城乡居民基础信息统计、就近就地转移就业、就业技能提升、劳务协作和服务保障"6 大行动"子方案，完善 13 个就业扶贫配套政策，形成环环相扣、有机衔接的政策支撑体系，为农村劳动力充分就业提供政策支撑。

三级书记抓就业。建立区委书记亲自督促抓，区委副书记、区长亲自安排部署，分管领导带头靠前指挥，乡镇党委书记、党委副书记一线指导、一线抓、村支部书记一线落实的"三级书记抓就业"的工作格局，为推动农村劳动力转移就业工作提供组织保障。

小服务搭建易地搬迁就业大平台促就业。按照"政府引导、市场主体"原则，搭建五个沟通平台，即外出务工人员服务联络站、区内外对口帮扶平台、区级易地搬迁人员就业创业服务站、村级就业扶贫工作队员、村级易地搬迁就业服务小分队。统筹"五个平台"力量，实现搬迁群众从就业登记、培训、面试、输出"一站式"办结、"一条龙"服务；实现"线上招聘"与"线下招聘"无缝对接，搭建远程面试平台，求职者不出小区就能与省外用工企业"面对面"交流沟通，实现服务"零距离"。

"五化"助力打造"五型"基地稳就业。在昆明、东莞、浏阳等东川籍务工人员集中的地方建立流动党支部和劳务协作基地，跟踪做好提供就业岗位、技能培训和技能提升、维权和稳岗等服务工作，打造"五化""五型"基地。实施军事化管理、常态化教育、系统化转变、组织化输送、一体化服务；打造行为习惯养成基地、技能素质提升基地、智志双扶品牌基地、就业创业孵化基地、政企联动示范基地。努力把基地建成东川籍务工人员学习之家、民主之家、温暖之家、联谊之家。

"四个精准"助就业。精准摸底，成立由涉及易地扶贫搬迁村的包村干部为队长，村党支部书记或村委会主任为副队长，驻村扶贫队员、就业扶贫队员为队员的 68 个易地扶贫搬迁就业服务小分队，采取属地负责、分片包干的方式，对搬迁劳动力信息，就业未就业情况进行精准核查，摸清每个搬迁家庭成员的基本情况。精准对接，针对搬迁劳动力就业需求特点，加强与区外对口帮扶地区、区属职能部门、人力资源服务企业和重点用工单位的沟通对接，做好岗位需求和用工信息摸排，收集区内外岗位信息，及时发布招工信息，"面对面"

送到搬迁户家中供选择，做到户均送岗送政策上门不低于3次；同时做好所输送人员的思想稳定工作和教育管理。精准培训，按照"实际、实用、实效"的原则，围绕搬迁劳动力就业意向、培训意愿以及区内外企业岗位技能要求，分类制定实名制培训计划，按照以工代训、定岗培训方式，开展有针对性的技能培训。精准就业，对达成就业意向的搬迁人员，由就业服务小分队同步做好面试、体检、入职手续办理等对接服务工作，快速输送到用工单位上岗，提高就业帮扶成功率。针对部分搬迁劳动力年龄偏大、文化偏低，家庭成员中有残疾人或患重病等情况，通过安置小区保洁、门卫等公共服务岗位安置就业，实现"家门口"就业。对于家庭中有老人孩子需要照顾暂时不能外出的，鼓励区内用工企业定向招用，通过整合区级各行业、重点工程领域的岗位资源，实现就地就近就业；通过建设扶贫车间，引进代加工企业帮助在"家门口"就业。

截至2020年4月底，东川区农村劳动力已转移就业115108人（建档立卡50232人），其中云南省外转移8735人（建档立卡3829人），转移就业率达92.26%。

接下来，东川区将按照"近期靠就业、中期靠产业、远期靠教育"的发展思路，激活就业扶贫的"造血"功能，在精准、精细、精心上下功夫，打好就业扶贫"组合拳"，多渠道帮助贫困劳动力实现高质量就业。

案例三：多措并举筑"馨居"，千方百计谋"幸福"

——昭通市易地扶贫搬迁奔小康

昭通市针对"一方水土养不活一方人"的最大贫情，构建起党建引领、党政齐抓、组织兜底、社会参与、干群连心的高度组织化格局，推动易地扶贫搬迁群众搬得出、稳得住、能融入、逐步能致富。

画好脱贫致富"同心圆"，确保搬迁群众搬得出。精准锁定搬迁对象。组织 2.36 万名干部深入全市 146 个乡镇（街道）、1251 个村（社区）、25856 个村（居）民小组，锁定易地扶贫搬迁对象 8.44 万户 36.24 万人，规划建设 23 个集中安置区。集中力量推进建设。针对靖安、卯家湾 2 个大型安置区、8 个县（区）7.69 万人安置任务，成立安置区建设临时党工委和管委会，抽调涉迁县（区）和乡镇干部集中办公，加强搬迁工作的组织领导和统筹协调，仅半年时间就完成安置区建设。凝聚共识合力搬迁。选派 4523 名工作队员驻村帮扶、823 名脱贫摘帽督导员一线督导，组织 10.7 万名干部进村入户做工作，变"要我搬"为"我要搬"。从搬迁群众中推选工程质量监督员，图纸交给群众审、选材送给群众定、样板做给群众看，建设群众"满意工程"。采取户户见面、电脑摇号、现场认定、当面签字的方式，让分房过程公开、公平、公正。组建义务搬迁、车辆运输、道路交通安全、信访维稳、医疗应急志愿服务队伍，保证群众平稳安全搬迁。

把稳安居保障"定盘星"，确保搬迁群众稳得住。坚持硬件建设与群众工作两手抓、同推进，让贫困群众吃下定心丸。同步配套公共设施，严格对照云南省委、省政府相关要求，在安置区同步配套建设 44 所学校、33 个卫生医疗服务机构、26 个群众互助场所、3 个派出所及 27 个警务室、48 个"一水两污"项目，为搬迁群众提供与迁入地均等的公共服务。同步健全组织体系。全面推行党建"网格化"管理，织密党的组织覆盖网，实行党组织＋为民服务站＋产业就业工作站＋警务工作站＋教育卫生工作站＋党群工作站的"1+5"组织设置模式，新建 5 个临时党工委、58 个党支部，确保每一个安置区都有一个坚强战斗堡垒。同步加强管理服务，在集中安置区建设 33 个党群服务中心，设置医疗、教育、卫生、民政、公安等公共管理服务窗口，让搬迁群众找得到人、办得了事。发动工青妇等群团组织建立"妇女儿童之家、4点半课堂、爱心超市"，组建居家维修、操理家物、安全引导、邻里互助等8支服务小分队，及时解决群众服务需求。

打好稳定增收"组合拳"，确保搬迁群众能致富。把产业扶贫和劳动力转移就业作为搬迁群众脱贫的关键举措，夯实稳定脱贫和持续增收的基础。充分就业保障稳定脱贫，依托97个流动党员党组织，建立211个外出就业服务站，为外出人员提供培训、就业、稳岗"一条龙"服务，确保劳动力输得出、稳得住、有发展。引进电子元件、设备终端、服装加工等劳动密集型企业，吸纳劳动力就近就业。开发公益性岗位，让零就业家庭就业有保障。到2019年11月，全市已有11.62万易地搬迁劳动力稳定就业。盘活资源促进持续增收，在迁出地，盘活搬迁群众耕地、林地、宅基地140万亩，集中流转发展规模化产业，让群众资源变资本、资金变股金、农民变股东。在迁入地，整合29.29亿元资金建设8900个蔬菜大棚、3000个食用菌大棚、84万平方米"扶贫车间"，为搬迁群众提供产业就业支撑。以人均1.5—5平方米规划建设"城市商业综合体"，所有权属于搬迁群众，通过集体包租或多样式分租让群众有分红收入。

奏响干群连心"大合唱"，确保搬迁群众能融入。以思想引导、教育培训、跟踪服务为抓手，帮助搬迁群众尽快适应新环境、融入新生活。延伸民生保障服务链。完善搬迁过渡期民生保障政策，迁出、迁入地衔接做好低保、养老保险、社会救助、教育卫生等保障工作，将符合救助条件的6.35万名搬迁对象全部纳入社会救助，1.88万名学龄前儿童、4.33万名中小学生、5271名高中生全部在安置区就近入学。构建包容互助新机制。抓好安置区党组织建设和社会治理工作，探索创新"基层党建＋社区管理＋群众自治"治理模式，发挥楼栋党支部、居委会、理事会、楼栋长、警务长和志愿者作用，引导搬迁群众共建互助，推动形成党建引领下的社区治理新格局。教育引导树立新风尚，以院坝会、群众会、新时代文明实践中心等为载体，深入开展"三讲三评"和"践初心、摘穷帽，奔小康、感党恩"教育活动，引导贫困群众感党恩、听党话、跟党走。绥江县69岁的杨顺高老人高兴地说："我做梦都没想到能够搬到这么好的地方，过上城里人的生活。感谢共产党，感谢总书记！"

案例四：健康扶贫带给贫困群众稳稳的幸福

——红河州"四个聚焦"推进健康扶贫政策落实落地

自全面打响脱贫攻坚战以来，红河哈尼族彝族自治州通过聚焦组织领导和目标任务、硬件设施和服务能力、乡村一体化、政策落实，扎实推进健康扶贫工作。截至2020年6月30日，红河州未脱贫建档立卡贫困户6325户，其中因病致贫1118户，占17.68%，与2017年数据相比，因病致贫户从43763户减少到1118户，因病致贫返贫累计减少4.26万户。

聚焦组织领导和目标任务，全面压实主体责任。制定出台了《红河州健康扶贫行动计划（2016—2020年)》《红河州贯彻落实云南省健康扶贫30条措施实施方案》等相关文件，细化成员单位健康扶贫工作任务，明确工作责任。成立健康扶贫工作领导小组，签订责任状，定期不定期召开健康扶贫工作专题会、调度会、推进会，研究解决健康扶贫工作中的难点、热点问题。开展健康扶贫挂牌督战，对标基本医疗有保障突出问题、中央脱贫攻坚专项巡视"回头看"反馈问题、脱贫攻坚成效考核等指出的问题，抓实问题整改。

聚焦硬件设施和服务能力提升，推进达标工程。把推进医疗卫生机构和医疗服务能力达标作为重要民生工作来抓，全力推进县乡村三级医疗机构达标建设。1145 个建制村卫生室全部达到贫困村退出标准和《村卫生室管理办法》要求，346 个易地扶贫搬迁安置点医疗有保障，142 个乡镇卫生院达到脱贫成果巩固要求，13 个县市均有二级甲等公立医院且达到脱贫成果巩固标准。2019 年，所有乡镇卫生院设备配置均达到标准化要求，建成心脑血管救治站 19 个、慢性病管理中心 6 个。印发了《村卫生室管理制度》，从执业要依法、环境要卫生、台账要规范、着装要整洁、作息要严格、服务要热情、管理有制度、看病有登记、用药有处方、收费有依据 10 个方面全面完善和规范村卫生室管理，严格乡村医生准入和退出。落实乡村医生补助，乡村医生年平均收入 4.48 万元，比 2016 年年人均 3.36 万元提高了 1.12 万元。采取州、县财政配套政策，一次性解决离岗乡村医生养老生活补助，筑牢基层卫生网底。

聚焦县乡村一体化，促进卫生技术人员增量提质。围绕县乡村一体化机制建设，实施基层卫生人员增量提质工程，持续开展全科医生规范化培训、助理全科医生培训、转岗培训等，确保实现 2020 年每万名城乡居民拥有合格的全科医生 2.5 名的目标。

推进三级医院对口帮扶贫困县县级医院。上海 2 家三级医院、省内 3 家三级医院、州内 4 家三级医院分别对口支援 7 个贫困县县级医院，帮助贫困县加强针对当地疾病谱的临床专科建设，发挥"互联网 +"和远程医疗的积极作用，推动医疗服务与教育培训有机结合。

统筹使用县域卫生人力资源，推进县域医共体建设。建成医疗集团 23 个，医共体 26 个，专科联盟 63 个，推进优质医疗资源下沉，实行"县聘县管乡用"和"乡聘村用"，从乡镇卫生院选派医师到村卫生室巡诊、坐诊，提升村卫生室服务能力。探索开展州级三级医院对口支援贫困地区乡镇卫生院制度，采取"医生下院月驻点"与"专家上门月滚动"相结合的方式，每月定期派出医师到卫生院坐诊、查房、授课。

聚焦政策落实，"三个一批"有效实施。抓实精准识别和因病致贫信息比对，全面筛查核实因病致贫返贫家庭信息，联合扶贫办、民政局等单位对健康扶贫数据进行全口径、全量化比对，实现健康扶贫数据与大扶贫数据逻辑一致、标准一致、信息一致，确保健康扶贫措施精准到户、到人、到病。

实施大病专项救治一批，制订诊疗方案和临床路径，对建档立卡大病重病患者实施应治尽治。截至 2020 年 6 月 30 日，建档立卡贫困人口 36 种大病患者 17015 人，已救治 16906 人，救治率 99.36%。实施慢病签约服务管理一批，做细做实家庭医生签约服务，对重点人群及重点病种做到"应签尽签"。截至 2020 年 6 月 30 日，已签约建档立卡贫困人口 75.33 万人，履约 72.51 万人，履约率 96.25%，其中高血压、糖尿病、严重精神障碍、肺结核患者履约率分别达 99.95%、99.93%、99.74%、99.52%。实施重病兜底保障一批，2020 年上半年，建档立卡贫困人口门诊报销比例达 53%；28 种慢性病特殊病门诊政策范围内报销比例达 86%；"四重保障"后住院实际报销比例达 90%，个人实际支付仅为 10%。

案例五：从"靠山吃山"到"养山吃山"

——迪庆州描绘精准脱贫"生态画卷"

迪庆藏族自治州树牢生态立州、绿色发展理念，发挥资源禀赋优势，探索实践绿色富民的高原藏区生态扶贫新路径，全力打造"绿色能源、绿色旅游、绿色食品"，让"绿色"成为藏区产业转型升级、经济高质量发展的基本底色。实现了从"靠山吃山山吃空"的传统发展思路到"养山吃山唱山歌"的华丽转身。

实施生态为民之策，群众吃上"生态饭"。总结汲取经验教训，确立"生态立州、文化兴州、产业强州、和谐安州"的可持续发展战略。生态保护红线面积达到全州总面积的 67.3%。2019 年，林业产值达 4.05 亿元，林业收入在农民年人均可支配收入中的占比达 23.7%，实现生态改善、农民增收、林业增效的良好效益。

实施生态利民之举，引来金凤筑巢。做特优势特色产业，依托高原绿色无污染的自然环境优势和生物多样性资源优势，培育高原坝区以青稞、特色畜禽、食用菌为主，山区以中药材、木本油料为主，河谷地区以葡萄、蔬菜为主的优势产业带。培育国家级龙头企业 1 家、省级 15 家、州级 44 家，农民专业合作社 3174 家，累计获得"三品一标"认证的农产品 89 个、原产地地理标志 6 个。2019 年，林下经济及林下种植产值达 9.3 亿元，对农村居民年均可支配收入的贡献为 1540 元。

实施生态富民之业，收获金山银山。围绕"一酒两油三品"建设，累计种植核桃 75.1 万亩、油橄榄 1.56 万亩、青刺果 2.52 万亩、花椒 7.8 万亩、漆树 4.5 万亩，培育省级林农专业合作社 14 家。按照"小酒庄、大产业、精品化"的发展路径，打造高原特色农产品精深加工产业链。仅葡萄产业的年产值就达 15 亿元，销售收入超过 10 亿元，葡萄与葡萄酒产业按照"公司＋基地＋农户"的产业发展模式健康发展。

推进旅游业与文化、体育等产业融合发展。拓展旅游线路和旅游景点，提质升级独克宗古城、普达措、虎跳峡、巴拉格宗、梅里雪山、白马雪山等重点文化旅游精品景区，稳步推进香格里月光城、巴拉格宗旅游小镇、梅里雪山摄影小镇建设和松赞林 5A 级旅游景区创建工作。依托境内原生态旅游资源以及人文资源条件，加大传统村落民居和历史文化名镇名村保护力度，打造综合性特色示范村，建设乡村旅游示范点 20 个。2019 年实现森林旅游收入超过 6 亿元，接待国内外游客 2410 万人次，实现旅游总收入 275.24 亿元。

实施生态惠民之法，攻克贫困堡垒。启动建档立卡贫困人口就地转换为生态护林员工作，聘用生态护林员 16688 人，做到符合条件的建档立卡户全覆盖。人均每年增加收入 1 万元，实现建档立卡贫困人口"转化 1 人、带动一家"的生态脱贫目标，带动 4 万以上人口脱贫。2015 年以来实施的新一轮的退耕还林任务向贫困户倾斜，贫困户退耕面积达 4.92 万亩，6519 户贫困户、24873 人贫困人口受益。

案例六：快乐拉祜　快乐脱贫

——拉祜族文化旅游精准扶贫之路

澜沧县充分利用民族文化优势，以酒井乡勐根村老达保村民小组为示范典型，引导拉祜族群众在"唱歌跳舞"中实现脱贫致富。

因地制宜筑牢脱贫发展基础。面对"交通基本靠走、照明基本靠油、喝水基本靠背、通讯基本靠吼"的贫情。把民族特色村寨保护与扶贫开发、生态旅游、民族文化保护与传承、美丽乡村建设相结合，2006 年以来，先后整合茅草房改造、特色村寨等项目资金 1200 余万元，新建了原生态歌舞表演广场，完善了村寨游览道路、旅游厕所、停车场、通电排水等基础设施，保护和提升改造了特色民居，打造了拉祜文化传承馆及芦笙坊、陀螺坊、青竹坊、艺织坊、茶吟坊、根雕坊、春香坊、耕具坊等展示拉祜族民族文化的展示区，美化老达保村容村貌，改善村寨基础设施条件。同时，投资 1700 万元，于 2009 年实现对外连接道路油路化，摆脱交通不便、信息闭塞的障碍，筑牢脱贫发展基础。

以文化旅游促贫困群众就业增收。发挥拉祜人"会说话就会唱歌、会走路就会跳舞"以及老达保人擅长吉他弹唱的歌舞题材优势，因势利导，助推以拉祜族歌舞表演为主题特色的民族民间"雅厄"艺术团表演队、民族民间原生态组合"达保五兄弟"和"达保姐妹"成立。

2013年，澜沧老达保快乐拉祜演艺有限公司成立，通过整合拉祜族特色文化鲜明的芦笙舞、摆舞以及《快乐拉祜》《婚誓》《实在舍不得》等经典歌曲，在村寨内打造老达保快乐拉祜风情实景演出。

2013年到2018年末，老达保快乐拉祜演艺有限公司完成就地演出570余场次，接待游客12万余人次，受邀外出演出200余场次，实现演出总收入407万余元，群众分红325万元。以演艺公司200名演艺人员计算人均分红达16250元，在老达保92户建档立卡贫困户中，有90户贫困户至少有1人加入了演艺公司，演出分红成为建档立卡贫困户增加收入的重要渠道之一。

以"造血"激发困难群众内生动力。在"输血"的同时，发挥文化在脱贫攻坚中的"扶志""扶志"作用。通过"自强、诚信、感党恩"主题教育和抓实基础教育、开展科技培训、加强宣传引导等群众素质提升工程，激发贫困群众内生动力和增强自我发展能力，群众自我发展的积极性、主动性和创造性进一步调动，有力推动了特色农家乐、特色民居客栈业态发展，部分群众开始经营餐饮、住宿和手工业制作等服务业，为促进老达保可持续发展、加快群众脱贫致富步伐打下了坚实基础。2018年，老达保农村经济总收入达到440万元，较2006年增长3倍；农民人均纯收入5202元，较2006年增长3倍。贫困群众过上了幸福安康的生活，获得感、幸福感极大提升，"听党话、跟党走、感党恩"的信念更加自觉坚定。

立足村寨民族文化资源优势，坚持在开发中保护，在保护中发展，走出一条有特色、可持续的民族文化产业发展路子。随着老达保乡村音乐小镇建设进程的加快和"美丽乡村"项目的实施，老达保每条路边、篱笆边、房前屋后每到春天都是鲜花盛开，鸟语花香，秋天更是果实累累，经济发展不但没有破坏生态环境，还走出了一条环境优先、生态效益与经济效益共赢的发展道路

案例七：山海携手共奋斗　粤滇协作奔小康

——沪粤助滇打赢脱贫攻坚战

上海市、广东省把助力云南省打赢脱贫攻坚战作为政治责任和历史使命，创新工作机制，完善政策措施，在人才交流、资金使用、产业合作、劳务协作、携手奔小康行动上提水平、求创新，全面开启了扶贫协作的新征程。截至 2020 年 6 月底，上海市 15 个区结对帮扶的云南 13 个州（市） 74 个贫困县、广东省 3 个市结对帮扶的云南昭通市和怒江州，均已基本完成脱贫攻坚目标任务。

完善协作机制。成立由主要负责同志任组长的沪滇、粤滇扶贫协作领导小组。上海市委、市政府主要负责同志多次到云南调研对接，指导帮扶工作。广东省委、省政府主要负责同志每年率团到云南昭通、怒江调研，研究部署扶贫协作工作。上海市 15 个区与云南相关州（市）及县签署扶贫协作协议 74 个，并与 74 个贫困县开展携手奔小康活动。广东省珠海、东莞、中山等地主要负责同志多次赴云南共同推进帮扶措施落地。

增加帮扶资金。上海市、广东省加大帮扶力度。据不完全统计，脱贫攻坚战以来，上海市累计投入帮扶云南资金 112.94 亿元，其中市级财政帮扶资金 96.34 亿元，区级财政帮扶资金 8.77 亿元，社会帮扶资金 7.83 亿元；实施帮扶项目 2986 个，累计带动 76.9 万建档立卡

贫困人口脱贫。广东省累计投入财政帮扶资金 30.28 亿元，动员社会力量捐赠帮扶资金 6.76 亿元，实施帮扶项目 1232 个，帮助昭通、怒江 40.57 万建档立卡贫困人口实现脱贫。2019 年，广东省深圳市重点帮助昭通市解决易地扶贫搬迁贫困群众后续发展帮扶计划启动。

提升协作水平。从第十批援滇挂职干部开始，上海市选派 103 名干部赴云南挂职，第十一批达到 152 名；聘请 15 位知名教授为云南特聘专家，选派 22 名博士后到云南贫困地区开展科技服务；每年派出 280 名医学专家赴云南贫困县三级医院结对帮扶；2016 年以来，选派大学生志愿者 248 名从事支医支教支农。广东省选派第三、第五、第六扶贫协作工作组及 282 名挂职干部进驻云南怒江、昭通开展帮扶工作，选派 1327 名专业技术人才到云南开展智力帮扶。2019 年，中山市名校长、管理团队、名师等 58 人组团走进昭通市大关县开展教育帮扶与指导，随后扩大到大关县所有乡镇。

加强劳务协作。制定沪滇人力资源对口帮扶行动计划，上海市 2019 年投入帮扶资金 2.88 亿元，组织云南贫困劳动力 2817 人赴上海市就业，帮助 7.14 万贫困人口实现就地就近就业。粤滇共建劳务协作协调机制，强化稳岗补贴、交通补贴等政策落地见效，共举办各类劳务培训班 1156 期，培训 7.5 万余人次，组织 5.3 万名建档立卡贫困人口到广东省就业。2020 年以来，上海市吸纳云南贫困劳动力就业 26806 人，帮助转移到其他地区就业 88947 人、就近就业 30184 人；广东省吸纳云南贫困劳动力就业 28.3 万人，帮助转移到其他地区就业 75950 人、就近就业 44545 人。

推进消费扶贫。上海市全力推进沪企入滇、云品入沪工程，推动"公益＋消费扶贫行动"等，2019 年，上海市企业在滇投资项目达 200 余个，累计建设 11 个云南上海蔬菜产销对接基地，有 28 万吨左右的云南蔬菜进入上海市场。2019 年"云品在沪"实现销售 5000 万元，带动 1.5 万建档立卡贫困户增收脱贫；2020 年突破 2 亿元，带动 2 万户建档立卡贫困户增收。粤滇共建成 7 个产业园、53 个扶贫车间，帮助怒江、昭通引入各类产业项目 460 个，实际投资额约 35.32 亿元。深圳市协调恒大集团自带市场、客商和渠道，投资建设 3200 个农业大棚，吸纳 5 万余名易地扶贫搬迁群众就近稳定就业。广东省累计采购云南贫困地区农副产品达 1.44 亿元。

深化扶贫协作。上海市 15 个区、217 个镇（街道）、338 个村（社区）与云南 74 个贫困县、353 个乡镇、538 个贫困村建立结对关系，188 所医院结对帮扶云南 195 所贫困地区医院，176 所学校结对帮扶云南 193 所贫困地区学校，1534 家企业结对帮扶云南 2068 个贫困村。广东省东莞、中山、珠海共组织 60 个街镇与怒江州、昭通市 86 个贫困乡镇结对，组织 152 个社区、村与怒江州、昭通市 172 个贫困村结对；动员民营企业参与"万企帮万村"活动，459 家企业与怒江州、昭通市 432 个深度贫困村结对帮扶，共奔小康。

案例八：情牵金平　爱洒边陲

——外交部帮扶金平县脱贫纪实

1992 年起，外交部定点扶贫金平县，至今已走过 28 个春秋。外交部始终心系边陲、情牵金平，与金平县各族干部群众携手共进、并肩作战，谱写了共战贫困的壮丽篇章。

责任担当，合力攻坚拔"穷根"。28 年来，外交部不间断派出 18 任扶贫代表、3 任驻村第一书记到脱贫攻坚一线同金平县各族干部群众共战贫困，并充分发挥外交扶贫优势，面向各国政府、国际组织、社会组织、企业、侨团和各界爱心人士等为金平县募集帮扶资金折合人民币 2.37 亿余元，实施温饱、教育、卫生、整村推进、产业、培训等 7 类 879 个扶贫项目，累计受益 37.17 万人，减少贫困人口 6.1 万人。

探索实践，解决温饱夯基础。把产业扶贫作为打赢打好脱贫攻坚战的关键举措，从整村推进项目入手，累计投入帮扶资金 3098.83 万余元，在金平县 7 个乡镇 25 个自然村实施包括基础设施建设、产业扶持和科技培训等综合扶贫整村推进项目，完成 23 个项目村的居民房屋、活动室、活动场地、卫生道路及卫生厕所的新建或提升改造。同时，根据项目村的实际，按照"一村一品"的产业发展模式，引入国内外知名企业、专业农林团队等，引导扶持群众发展橡胶、香蕉、茶叶等产业及刺绣、银饰等特色加工业。

教育扶贫，阻断贫困代际传递。28 年来，外交部累计投入教育帮扶资金 9693.24 万元，实施各类教育项目 442 个，重点开展教育基础设施建设、助学助教、教育培训等工作，累计受益 23.26 万人。外交部牵线搭桥建成的"中国—赤道几内亚友谊小学"已成为具有边疆民族特色的国际化基础教育学校。外交部还发动各驻外使领馆、单位职工、华人华侨和外国企业为贫困学生提供助学金，受助学生达 2.2 万人。

健康扶贫，托起群众"稳稳的幸福"。28 年来，外交部不断加大对金平县医疗卫生事业的帮扶力度，累计投入帮扶资金 4214.04 万元，援建了 86 所村卫生室、6 个乡镇卫生院、2 个县级医疗机构，缓解了金平县医疗设备少、就医环境差和群众看病难、看病贵的问题。

扶贫扶志，挖掘内生动力。持续加强各领域人才培训，累计投入帮扶资金 558.73 万元，实施包括联合国开发计划署社区发展项目及干部素养培训等培训项目 53 个，惠及 14638 人，有效提升了当地干部群众的素质能力。

此外，发起"大爱无国界"国际义卖活动，为金平县筹集善款

1100 余万元，资助 934 名贫困地区特殊岗位中小学教师，并为贫困山区实施多个基础设施项目。发挥自身优势，凝聚更多国内外力量投入到脱贫攻坚战中，实施包括中华慈善总会医疗药品捐赠、英国劳合社爱心电教室、三星智能教室及爱心衣橱捐赠等项目 79 个，累计投入帮扶资金 1193.24 万元，惠及 7.48 万人。

在外交部的定点帮扶推动下，金平县贫困发生率从 2014 年的 31.15% 下降至 2019 年的 1.26%，顺利通过贫困县退出专项评估检查。

案例九：念好"小"字诀、激发"大"能量

——在脱贫攻坚中激发群众内生动力的红河实践

红河州坚持从小处着眼，在大处发力，改进工作方式方法，健全工作机制，引导贫困群众自强自立、不等不靠，促进民风向善、村风向上，为打赢脱贫攻坚战筑牢思想基础。

"小课堂"宣讲"大理论"。组织开展脱贫攻坚宣讲进农家活动，建立新时代农民讲习所 293 个、农民夜校 291 个，有序推动党的理论方针政策进农村、进群众，教育引导贫困群众树立自强不息、诚实守信、脱贫光荣的思想观念和感恩意识。红河县组建"新时代脱贫攻坚讲习所"、石屏县组成"五老宣讲团"，开通农村"村村响"广播，将党的声音融入基层生产生活，让党的理论创新成果飞入寻常百姓家。

"小举措"营造"大氛围"。制定印发《关于脱贫攻坚文化氛围营造实施方案》，在"县乡村组户"五级联动开展氛围营造，印制招贴画 12 万余份，制作宣传标语 20 万余条、广告牌 5000 余面，形成宣传热潮。抓住村寨文化特点，手绘墙体画 1000 余块，营造"一村一品"特色。通过各类宣传媒体，开设专栏、开通咨询热线、开设微

信公众号，开通农村广播、设立政策宣传栏、发送脱贫攻坚普及读物等方式，让群众知晓"脱贫攻坚"是党中央的决策部署，是党对全国人民的庄严承诺，营造家家户户感党恩的良好氛围。

"小细则"带来"大变化"。从小处着眼，从细微入手，先后制定出台《红河州革除陋习促脱贫实施意见》《关于深入推动移风易俗促乡风文明的实施细则（试行）》《关于进一步修改完善村规民约的通知》等指导性意见，稳步实施革除陋习促脱贫活动，大力弘扬社会正能量、树立文明新风。

"小馆室"发挥"大作用"。制定印发《关于开展村史室建设的指导意见》，试点建设村史室实施"百千工程"，在每个乡镇选择1个村委会建设村史室，没有条件的设置村史墙。村史室涵盖历史沿革、村庄概貌、发展综述、乡贤善举、荣誉展示、未来展望等"6个要素"，突出新旧对比反映村庄变迁，让群众更加懂得美好生活是在党领导下取得的，潜移默化地让群众自觉感党恩、跟党走；突出乡风文明展示乡贤文化，在村史室内展示乡贤名人、先进模范、科技名人、民间艺人、能工巧匠等的事迹，折射不同时期、不同领域各类先进人物用自己的智慧和辛劳共同描绘美丽乡村的画卷，集"存史、资政、育人"等功能于一体，传承文明、记录历史、凝聚人心、启迪后人。

"小分队"带动"大活动"。3158名驻村干部和乡镇、村组党员干部以村为单位，组建798支"小分队"，分片包干联系贫困户，聚焦"两不愁三保障"开展收入清、安全住房清、饮水安全清、教育保障清、医疗保障清、产业就业清等"六清"工作，有针对性地开展帮扶。发挥妇女在家庭中的独特作用，组织成立"巾帼志愿连心服务队"，每月确定一个"巾帼行动日"，指导帮助贫困群众打扫卫生、整理内务，引导贫困家庭逐步革除陈规陋习、转变生活方式，树立健康文明生活理念。

"小舞台"弘扬"大文化"。蒙自市积极组建新时代"红色文艺轻骑兵",开展送宣传、送文化、送健康、送卫生、送新风、送平安、送科技等"七送活动",推动党的理论方针政策进农村,先后编排出宣传贯彻党的十九大精神的音乐舞蹈快板《文明春风进万家》《同心圆梦》,讽刺少数村民等靠要思想的扶贫题材小品《脱贫路上》,反映热爱劳动场面的舞蹈《城市美容师》等作品,用群众身边的人和事感动广大群众,培养文明新风。

"小超市"带来"大动力"。绿春县建设了名为"动力小站"的特殊"超市","超市"里的商品主要来自定点帮扶单位、帮扶干部和社会爱心人士的捐赠,少部分来自民政救助和村委会添置,商品不用支付现金,而是凭积分兑换。"积分卡"的积分管理由乡镇挂包领导干部和驻村第一书记牵头负责,建档立卡贫困户可以从政策知晓、环境卫生、移风易俗、乡风文明、脱贫能手和配合工作等多个方面赚取积分。成立"动力小站"领导小组和监督管理委员会,负责"动力小站"建设运营期间的全程监督,并将积分管理制度纳入村规民约,定期对各"动力小站"管理水平和受益群体满意度等进行跟踪问效,根据工作情况进行奖惩,每半年进行一次通报。通过"动力小站"或"爱心超市"激发贫困户内生动力,引导广大农村群众共同参与脱贫攻坚,变"要我脱贫"为"我要脱贫",靠自己的努力改变命运。

案例十:科技扶贫带来新动力

——中国工程院发挥优势打响澜沧科技扶贫名片

中国工程院充分发挥国家高端智库功能,从科技帮扶、产业扶持、智力扶贫、人才支持等方面综合施策,精准帮扶澜沧县,扮亮了澜沧科技扶贫名片。

院士专家会诊，科学拟定精准脱贫规划。中国工程院先后派 20 多位院士和专家深入澜沧县各乡、村、企业开展"云南院士专家行"调研，制定澜沧县产业精准脱贫规划，组织专家团队在扶贫点建立蔬菜、水果、林下中药材等三个试验点，打造精准脱贫示范区。

科技示范引领，带动产业精准脱贫。通过多次走访调研，帮助制定短、中、长期产业发展计划，促进当地农民脱贫致富。建设 1000 亩的蔬菜科技示范园，种植 100 亩冬季马铃薯和 50 亩冬季蔬菜。向蒿枝坝农户发放种猪和鸡苗，涉及农户 186 户，每户发放种猪 2 头和鸡苗 10 只，培育养殖业。完成 15 亩冬季鲜食葡萄、10 亩牧草种植；开展退耕还林地中仿生种植三七、重楼等中药材工作，完成林下种植三七 2 亩。

立足教育扶智，提升脱贫内生动力。中国工程院把"扶智"作为定点扶贫的重中之重，委托昆明理工大学、云南民族大学为澜沧职中旅游服务与管理专业 21 名师生举办了针对性、实用性和可操作性较强的培训班；向云南省教育厅争取产教融合项目，打造高标准的普洱市职业教育澜沧分中心；举办院士专家知识讲座，7 名院士、专家为澜沧县各族干部群众培训养殖业、种植业等产业发展方面的知识培训；为竹塘乡云山村蒿枝坝村民小组开展实用技术培训 2 期，受训 1000 余人次，培养致富带头人 153 人。

提供人才支持，注入脱贫攻坚强大动力。朱有勇院士作为"前线总指挥"，长期驻扎在澜沧县竹塘乡蒿枝坝，依托"院士专家工作站"，设立"高原特色农业"和电商咨询课题研究，有效开展脱贫攻坚专项行动，扎实推进科技扶贫。

搭建网络平台，打造"互联网＋扶贫"模式。搭建县、乡、村三级电商网络，做好基础网络平台建设。针对澜沧县的特点，在核桃、玛咖、反季节土豆、茶叶、柠檬、畜禽和中药材等方面分期分批进驻电商，推动农民快速增收。

二、感人故事

带动独龙族整族脱贫的"老县长"高德荣

高德荣生在云南省贡山独龙族怒族自治县独龙江乡一个贫苦家庭，从小学教员走上领导岗位。2006年当选怒江傈僳族自治州人大常委会副主任后，他主动要求回到独龙江乡，担任独龙江乡整乡推进独龙族整族帮扶工作领导小组副组长，扛起带领独龙族群众脱贫攻坚的重任，被当地干部群众亲切地称为"老县长"。

四处奔走，构筑发展"生命线"。"独龙江的发展，交通不便是最大的障碍。"特别是长达半年的大雪封山，让独龙江成了与世隔绝的孤岛。"独龙族群众对出山道路的渴盼，犹如吃饭时对盐巴的需求一样强烈。"为此，高德荣长年奔波在独龙江各条乡村小路上，随身携带一张布质独龙江乡地图，什么地方要铺路，什么地方需架桥，摸清楚每个细节。修路过程中，他坚持亲力亲为，跟踪参与。

1999年，在高黎贡山海拔3000多米的雪线上，国家投资1.4亿多元修通了全长96公里的独龙江简易公路，结束了独龙族群众"出门靠砍刀开路，过江靠溜索竹筏"的生活。2014年4月，独龙江隧道建成通车，独龙江乡每年大雪封山半年的历史彻底结束。如今，独龙江全乡沥青路和水泥路里程达150公里，通组公路里程达27公里。当年步行60多天才能转完6个村委会，现在坐车一天就能转完。

示范引路，建起脱贫"绿色银行"。2007年，为了寻找脱贫产业，高德荣邀请专家考证独龙江乡种植草果的可行性。得到专家的肯定后，在青蛇、蚂蟥出没的独龙江畔搭了几间简易棚子，先后向 4000 余人传授草果种植技术。

独龙江乡 6 个村中，迪政当等 3 个村由于海拔高，不适宜种植草果。高德荣又把目光瞄向了重楼产业。2014 年以来，多方筹措，吸引投资，建起了培训基地。种植重楼 2100 多亩，户均 1 亩多。全乡"南草果、北重楼"，扶贫产业实现了全覆盖。2015 年，全乡农民人均纯收入达到 3503 元，有的群众还开上了小汽车，用上了互联网、移动电话、数字电视。

改善生态，打造旅游"人间仙境"。依托独龙江优美的自然风光和民族文化，发展乡村振兴。在群众口袋更鼓的同时，还要让脑袋更富、环境更美。"我们要像爱护眼睛一样爱护它，把独龙江打造成'人间仙境'。"高德荣提议，要给每个进乡游客发一顶帽子，印上大大的"文明"两字，提醒他们当文明游客，同时，避免污染环境……

此外，高德荣积极向省、州有关部门反映，争取到乡土旅游人才培训、农业科技人员培训和文明生活培训等项目，不断充实独龙江人的头脑，改变落后的生产生活方式，实现了"富口袋与富脑袋"并重的脱贫目标。

把论文写在大地上的"农民院士"朱有勇

朱有勇是中国工程院院士、云南农业大学名誉校长、首席教授，云南省科学技术协会主席。他学农爱农为农，四十年如一日潜心研究，把论文写在大地上，以"抓铁有痕，踏石留印"的态度致力于科技扶贫。

敢于"顶天"：问鼎《自然》封面文章。单一品种大面积种植易造成病害流行，致使农药用量大幅增加，对生态环境、食品安全和粮食生产构成潜在危机，是世界上无解的难题。朱有勇跳出品种概念，依托传统间套作技术，开始了利用生物多样性控制病虫害的尝试，经过近千次试验进行确证并研究控病机理，建立了一系列作物多样性控病增产新技术，最终确证了作物多样性时空优化配置是有效控制病害的新途径。在 2000 年，这一成果发表在国际权威期刊《自然》上作为封面文章发表，引起全球关注。"遗传多样性控制水稻病害"、"物种多样性控制作物病害"两项技术已产生了显著的经济效益，为确保中国的粮食安全作出了重要贡献。

甘于立地：把论文写在大地上。2015 年，中国工程院开始结对帮扶澜沧县。作为年富力强的"60 后"院士，定点扶贫的任务落在了朱有勇肩上。他带着团队驻扎在竹塘乡蒿枝坝，走进田间地头、深山密林开展实地调研，确定了"科技引领、创新驱动"的帮扶策略。

科技扶贫。朱有勇院士的冬季马铃薯优质高产新技术能有效抑制病虫害，减少60%的农药用量，大幅度提高马铃薯的产量和品质，他带领团队把这项技术用到扶贫中。同时，采用"院士+公司+基地＋农户"的"4+"科学化、标准化、产业化扶贫模式，院士、专家和公司抱团帮助农户解决技术、物资及销售方面的问题，农户专心学技术搞种植，大家齐心协力脱贫致富。针对澜沧县大面积退耕还林形成的思茅松森林，朱有勇推广林下有机三七种植技术，让中药材回归山野林中，规模化标准化生产有机三七，从生产过程保证药材质量，为边疆民族地区探索出一条依托科技向绿水青山要金山银山的绿色发展之路。

扶贫先扶智。启动科技扶贫技能实训班，为当地培养乡土人才。院士专家直接为农户授课，用群众听得懂的语言讲理论、教生产，手把手地在田间地头指导农户种植，直至学懂学会。学员回乡后发挥带头作用，进一步推广新技术，让科技扶贫的效果进一步扩大。

为贫困女孩打开广阔人生的教育扶贫者张桂梅

张桂梅是党的十七大代表，全国优秀共产党员、全国十佳师德标兵、全国先进工作者、时代楷模等荣誉称号的获得者，她以忘我的精神在华坪教育战线上辛勤奉献 12 年，用心血和汗水为华坪教育扶贫谱写着新篇章。

以全新办学模式创办免费的女子高中。2008 年 9 月 1 日，在张桂梅老师的倡导下，在省、市、县各级党委政府的支持下和社会各界捐助下，丽江华坪女子高中开学了。女子高中是全国第一家全免费的高中，是践行教育公平的改革先遣队。学生在校学习期间免除一切费用。

女高建校 12 年来，张桂梅亲人去世都无暇顾及，忙于募捐，为办学筹集资金。在旁人的误解和不理解中坚持着免费办学的初心。

不忘教育初心用生命办学。办校 12 年来，张桂梅坚信要让最底层的百姓看到希望；要让他们的孩子和所有孩子一样，享受教育的公平，享受到党和政府的阳光与温暖；学校就是要培养能回报社会、真正具有共产主义理想、能把自己从社会上得到的帮助再传递下去的学生。

以信仰教育培养社会主义合格的接班人。以党建统领校建，开创了"五个一"党性常规活动，"五个一"即"全体党员一律佩戴党徽上班""每周重温一次入党誓词""每周唱一支革命经典歌曲""党员每周一次理论学习""组织党员每周观看一部具有教育意义的影片并写观后感交流"。将党建与免费办学合在一起，把党领导人民群众脱贫致富的初心用到教育扶贫中。张桂梅把所有捐给她治病的钱和奖金、工资，共 70 多万元全部捐献出来修建乡村校舍，2015 年，她把五一劳动奖章、奥运火炬和毕生获得的所有荣誉证书，毫无保留的全部交给了组织，全部保留在了县档案馆里。

目前，以张桂梅老师为首的华坪女子高中，从 2008 年以来走过了十二个春秋，女子高中这个贫困山区女孩实现梦想的大家庭容纳了 1800 多名成员。从女子高中毕业的八届学生全部进入大学的殿堂，实现了走出大山，飞越大山的梦想。张桂梅成为山里女孩的"老师妈妈"，她创办的女子高中，免费为山里女孩提供教育，如今学校已真正成为山里女孩的"梦工场"、最贴心的"家"和党委政府联系群众的一座爱心之桥。

永不谢幕的扶贫英雄郭彩廷

2019 年 7 月 11 日清晨，腾冲市猴桥镇暴雨如注，多个村庄出现塌方和洪涝灾害，猴桥镇干部、胆扎社区党总支副书记兼第一支部第一书记郭彩廷心系傈僳族群众安危驾车前往灾区，却在抢险救灾途中不幸遭遇泥石流，他 47 岁的生命永远定格在了扶贫路上。

初心如磐的"好党员"。入党 24 年来，他一直在猴桥镇工作，从未忘记当初在党员转正申请书上写下的话。就在他遇难前不久，他还向村党总支班子建议，要认真学习贯彻习近平总书记关于绿水青山就是金山银山的重要论述，搞好胆扎的产业发展。

脱贫攻坚的"好战士"。郭彩廷为提升胆扎村的教育水平，多次到滨鲲中智三文鱼养殖公司与公司法人代表甘智超进行座谈，成功协调成立了琅琊教育扶贫基金，争取资金 10 万元用于奖励优秀学生，帮助贫困学生；针对边境群众法制意识不够强的问题，联系了猴桥镇司法所、腾冲出入境边防检查站胆扎分站相关工作人员，开展法制宣讲 13 场次，受益 3000 余人，让胆扎群众进一步强化了遇事找法、依法办事的意识；针对胆扎村大坡脚建档立卡户未成年学生余生强无人照料，他每周必去两次，还向镇民政办申请了 1900 元的临时救助，请胆扎完小的蔡文凤老师代管；杨家寨杨启华、杨启骞患尿毒症医药费支出大，他得知情况后，当天就入户调查，并上报镇民政办按程序将他们纳入了低保管理。

傈僳山寨的"搓机帕"。在乡亲们的心里，"郭彩廷是'搓机帕'（音译，傈僳族语'好人'的意思）！"他是一个会讲傈僳语言的人，一个会说群众语言的人。在胆扎村第一、第二支部书记空缺的情况下，郭彩廷主动申请担任覆盖 5 个傈僳族寨子、情况相对复杂的第一党支部书记。他常说，忙完了脱贫攻坚这一茬，胆扎村党总支部要搞一个"边境学习课堂"，把党关于乡村振兴、民族团结、生态文明、边疆稳定的政策精准宣传到胆扎 116 名党员和 3535 名群众中去，带着胆扎村民把绿水青山变成金山银山，然后把接力棒稳稳地传递给本地党员。

干净担当的"好干部"。郭彩廷始终对标"忠诚干净担当"的要求，勇于直面矛盾、善于解决问题、注重廉洁自律，树立了边疆民族地区好干部的形象。移民搬迁，历来被列为"天下难事"。2013 年 7 月 19 日，郭彩廷被抽调到腾冲市槟榔江三岔河水电站移民搬迁指挥部，面对重重困难，郭彩廷发挥本地人的优势，主动作为、敢于担当，访民情、知民意、解民忧、聚民心，与涉及搬迁的群众打成一片，用真心真情为库区移民服务，架起了上级领导和群众沟通的桥梁，得到当地群众特别是傈僳族群众的一致认可和支持。

人穷志不短的脱贫带贫人罗现刚

昌宁县光荣脱贫户罗现刚1994年光荣入伍，1997年光荣退伍，2017年光荣脱贫。长期以来，树立自强自立意识，脱贫不忘带贫，带动当地贫困户脱贫。

知荣耻，家境贫穷志不短。1997年退伍后，罗现刚在珠街烟站谋到了一份烤烟辅导员的工作，每月收入300元，只够家庭平常开销。2000年弟兄分家，他分到了一间危房，年迈的父母和一个有语言障碍的姐姐也跟着他一起生活。2014年罗现刚家被识别为建档立卡贫困户，他认为是他人生中一大败笔。

谋发展，挫折面前不回头。穷则思变，2016年，罗现刚发现养石蛙有市场，本地就有野生石蛙，气候条件也适宜。他查阅了很多资料，信心满满的凑够了2万多元，挖好池塘，布好防虫网，饲养好石蛙的食物——黄粉虫，花5000多元买来本地石蛙种苗放进池塘。由于石蛙对天气非常敏感，能提前感应到要下雨，下雨就跳出池塘。即使用了很多防虫网，仍然全部跑了。本以为万无一失，却血本无归。

乘东风，养殖铺筑脱贫路。从哪里跌倒就从哪里爬起来，石蛙的失败并没有打击他的创业热情。听村委会说有一个整乡推进项目要发鸡苗，罗现刚就报了200羽，在养石蛙池塘旁边的山林里搭起了鸡棚，坚持走生态、绿色、健康的养殖路线。这一次他吸取了养石蛙的失败教训，和妻子一起积极学习养殖技术，一年下来，200羽鸡收入1万多元。尝到甜头后，他认准了养鸡这条路，决定扩大规模，但资金缺口较大。正当他一筹莫展的时候，得知有党员"红色贷款"，他立刻申请了贷款，创办起了一个小型养鸡场，养鸡规模扩大到 1000 多羽，2017 年出栏 4000 多羽，卖了 14 万元，成功摘掉了贫困的帽子。

感党恩，先富不忘带后富。罗现刚脱贫后积极带动群众增收致富。在选购养鸡场需要的玉米、豌豆和小麦时，优先收购周边群众家里的，价格以市场价格为准绝不压价；养鸡场有什么活需要干，就把贫困户请到养鸡场来做零工；其他农户养的生态鸡可以出栏了，他主动帮助寻找市场，卖一个好价钱；家里的土鸡蛋从来没有拿到市场去卖过，都分给了孤寡老人；烟站活儿不忙的时候，他抽时间向周边群众介绍科学养鸡知识，讲解技术要点，鼓励他们养殖增收……在他的带动下，一大批群众走上了养殖脱贫的道路。

身残志坚的脱贫典型张顺东李国秀夫妇

张顺东、李国秀是云南省昆明市东川区乌龙镇坪子村芭蕉箐小组的一对身带残疾的夫妻，张顺东只有一只手，李国秀只有一双脚，两人加起来只有一只手和一双脚。20 多年来，夫妻二人靠一只手和一双脚，以常人难以想象的坚韧和毅力，克服了重重困难，撑起一个和谐、幸福的家！夫妻俩缺手缺脚，但不缺精神，不缺斗志，不缺自信，不缺上进；身残志坚，自强不息、艰苦创业，织就了致富梦、幸福梦。

党委政府长期关怀帮助。2013 年，张顺东右脚因长期的农活出现了溃烂，医疗部门、民政、残联携手，帮助他做了手术，2 万多元的手术费个人仅需承担 800 多元。虽然手术成功了，但因手术不能再行走，爬坡下坎不方便，更不能背东西，因此，在多部门的协同帮助下，2017 年、2018 年又做了两次手术，现在可以靠假肢行走了。

根据家庭情况，民政部分通过识别落实了张顺东一家的最低生活保障（女儿和儿子在毕业工作后已停发）。2018 年帮助他家实施了农村危房改造项目，把破旧的小屋变成明亮的新房。按照张顺东夫妻二人的说法："没有政府的帮助，起码要再努力 10 年才会有今天的样子"。2020 年，残联组织张顺东接受了东川区残疾人电商培训，买了一台二手笔记本电脑，准备等女儿有时间回家进一步跟女儿学习电脑技术，通过电商来销售家乡的特色产品。

夫妻二人不等不靠。张顺东、李国秀都是残疾人，但夫妻俩一直知道美好生活是等不来的，所以他们从来都不等不靠，凭着自己的努力活。虽然李国秀没有双手，但她勤学苦练，用双脚完成了初中学业。家里的家务，样样都能做，搅拌饲料喂猪、喂鸡、喂羊；煮饭、炒菜、刮洋芋、洗菜、拖地、洗衣等，动作娴熟。地里的农活，她也样样能干，用脚除草、拔花生、捡红薯、拾洋芋等像手一样灵活、像手一样有力。农村妇女的针线活，也样样都可以做。她能熟练地用嘴把针线包叼出，右脚趾夹住花线，左脚趾夹住绣花针，几秒之内就穿好针，双脚配合绣鞋垫。

春天，张顺东在山沟山洼围水，妻子李国秀在稻田里用脚插秧；秋天，玉米成熟的时候，张顺东用一只手搬苞谷，妻子李国秀背着篮子站在地里接着；冬天，张顺东劈好柴、暖好炉，妻子李国秀缝好衣服、教孩子读书。

张顺东不仅自己活的坚强独立，不等不靠，还主动参与服务群众的工作。作为坪子村的残疾人联络员，尽职尽责工作，为坪子村 87 户 97 名残疾人提供联络服务。经常骑着小三轮一家一户到残疾人家里收材料，每当有人劝他不要这样奔波时，他总说："他们和我一样有残疾，到我这里交材料很不方便，我有车我多跑跑就是了"。

2020 年，张顺东、李国秀夫妇荣获全国脱贫攻坚奋进奖，他们树起"榜样"力量，引领、激发着当地群众内生动力，感召着身边更多山区群众奋发向上，在小康路上，奋勇向前。

三、脱贫攻坚大事记

2015 年

2015 年 12 月

12 月 4 日至 5 日　乌蒙山云南片区暨"镇彝威"革命老区扶贫攻坚工作座谈会举行。

12 月 10 日至 11 日　省委扶贫开发工作会议在昆明召开，各州市党政主要负责人与省委、省政府签订了脱贫攻坚责任书。

12 月 14 日　省政府第 76 次常务会议审议通过《昭通市"镇彝威"革命老区精准扶贫精准脱贫三年行动计划》。

2016 年

2016 年 1 月

1 月 2 日至 4 日　中共中央政治局委员、国务院副总理汪洋在云南专题调研"直过民族"扶贫工作。

1 月 12 日　省政府第 79 次常务会议审议通过《怒江州脱贫攻坚全面小康行动计划（2016—2020 年)》《云南省人民政府关于促进农民合作社规范发展的意见》和《云南省人民政府关于促进展览业改革发展的实施意见》。

2016 年 2 月

2 月 22 日　省扶贫开发领导小组第一次全体会议在昆明召开，审议通过《中共云南省委云南省人民政府关于深入开展落实党中央国务院脱贫攻坚重大战略部署的决定重要措施分工方案》《云南省贫困县区分年度脱贫摘帽计划》《云南省全面打赢直过民族脱贫攻坚战行动计划（2016—2020）》《云南省金融支持脱贫攻坚实施方案》。

2016 年 4 月

4 月 20 日　云南省党政代表团赴上海进行考察学习，两省市政府签署《关于贯彻落实中央决策部署进一步加强对口帮扶协作的协议》。

2016 年 5 月

5 月 11 日至 13 日　全国政协副主席卢展工率全国政协调研组到云南省就"在扶贫攻坚中推动基层公共文化精准服务"开展专题调研。

5 月 11 日　省政府与国家开发银行在昆明签署《开发性金融支持云南省脱贫攻坚合作备忘录》并举行工作会谈。

2016 年 6 月

6 月 13 日　国务院副总理、国务院扶贫开发领导小组组长汪洋深入怒江州福贡县匹河怒族乡调研。

6 月 19 日　全省脱贫攻坚暨县域经济发展推进会在昆明召开。

2016 年 7 月

7 月 25 日　全国人大常委会副委员长、农工党中央主席、中国红十字会会长陈竺来滇开展脱贫攻坚民主监督调研。

2016 年 8 月

8 月 4 日　省政府在昆明与浙商总会签署脱贫攻坚、产业合作系列合作协议。

8月5日　省政府与浙商总会在昆明举行"加强东西协作助力云南脱贫攻坚新路径论坛"。

8月8日　省扶贫开发领导小组第二次全体会议在昆明召开。

2016年9月

9月3至4日　中共中央政治局委员、广东省委书记胡春华在云南省对接东西部扶贫协作工作。

9月9日　省政府与中国大唐集团公司签署《帮扶云南省傈僳族聚居区精准脱贫攻坚合作协议》。

9月13日　由中国光彩事业促进会和云南省政府主办的"中国光彩事业德宏行"活动在德宏州瑞丽市举行。

9月28日　省扶贫开发领导小组第三次会议在昆明召开。

2016年10月

10月17日　扶贫日脱贫攻坚扶贫表彰暨推进大会召开。

10月18日　国务院扶贫开发领导小组第17督查巡查组到云南就脱贫攻坚工作推进情况开展督查。

2016年11月

11月9日　上海市党政代表团到云南考察指导，在昆明召开沪滇扶贫协作座谈会，双方签订了《上海市人民政府云南省人民政府关于进一步加强扶贫协作的协议》。

11月14日　省政府第101次常务会议传达学习中共中央政治局常委、国务院副总理张高丽考察云南重要讲话精神和沪滇扶贫协作工作联席会议精神，研究贯彻落实措施。

2016年12月

12月24日　上海新沪商联合会、兴业证券股份有限公司向彝良县捐赠帮扶资金仪式在昆明举行。

12月28日　省扶贫开发领导小组第四次会议在昆明召开。

2017 年

2017 年 2 月

2 月 9 日　省委农村工作暨全省扶贫开发工作会议在昆明召开。

2017 年 3 月

3 月 23 日　2017 年脱贫攻坚工作推进会在昆明召开。

3 月 28 日　2017 年滇西脱贫攻坚部际联席会议在昆明举行。

2017 年 4 月

4 月 16 日　省扶贫开发领导小组召开第五次全体会议。

4 月 27 日　中共中央对外联络部"中国共产党的故事——精准扶贫"专题宣介会在北京举行。云南省委作为宣介的首家地方党委，以"云南省委的实践——不让一个民族掉队"为主题，向外国政党代表和驻华使节等宣介决战脱贫攻坚战略部署在云南的实践成效。

2017 年 5 月

5 月 9 日　各州（市）开展脱贫攻坚"找问题、补短板、促攻坚"专项行动座谈会在昆明举行。

2017 年 6 月

6 月 26 日　省政府第 117 次常务会议学习贯彻习近平总书记在深度贫困地区脱贫攻坚座谈会上的重要讲话精神。

2017 年 7 月

7 月 3 日至 8 日　全国人大常委会副委员长、农工党中央主席、中国红十字会会长陈竺率农工党中央调研组来滇开展脱贫攻坚民主监督专题调研。

7 月 12 日　中央改革办督察组赴滇专项督察脱贫攻坚和深化改革情况。

2017 年 9 月

9 月 6 日　省扶贫开发领导小组第六次全体会议召开。

9 月 27 日　"全面落实精准扶贫，全力决战脱贫攻坚"州（市）、县（市、区）委书记工作经验交流会召开。

9 月 29 日　乌蒙山片区区域发展与脱贫攻坚部际联系会议在楚雄彝族自治州举行。

2017 年 10 月

10 月 10 日　云南省扶贫先进事迹报告暨脱贫攻坚表彰大会在昆明召开。

10 月 31 日　省扶贫开发领导小组第七次全体会议召开。

2017 年 11 月

11 月 20 日　省政府第 127 次常务会议听取贫困退出滚动规划和年度计划调整情况汇报。

2017 年 12 月

12 月 15 日　云南党政代表团赴上海对接沪滇扶贫协作工作。

12 月 16 日　云南党政代表团赴广东对接粤滇扶贫协作工作。

12 月 23 日　省委常委会召开扩大会议，传达学习习近平总书记在中央宣传部呈报的《弘扬脱贫攻坚精神，推动农村物质文明和精神文明协调发展——寻乌扶贫调研报告》上的重要指示精神。

2018 年

2018 年 1 月

1 月 4 日　国务院扶贫开发领导小组安排部署开展 2017 年省级党委和政府扶贫开发成效省际交叉考核和东西部扶贫协作考核。

1 月 25 日至 29 日　中共中央政治局常委、国务院扶贫开发领导小组组长汪洋在怒江州调研脱贫攻坚工作。

2018年2月

2月2日　省委常委会召开扩大会议，传达学习中共中央政治局常委、国务院扶贫开发领导小组组长汪洋在怒江州调研脱贫攻坚时的重要讲话精神。

2月13日　省委常委会召开扩大会议，传达学习习近平总书记在打好精准脱贫攻坚战座谈会上的重要讲话精神。

2018年4月

4月12日至13日　全省脱贫攻坚推进会议在昆明召开。

4月27日　上海云南扶贫协作第十九次联席会议在昆明举行。

2018年5月

5月14日至20日　全国人大常委会副委员长、农工党中央主席陈竺率农工党中央调研组就"深入开展精准健康脱贫助力实施乡村振兴战略"来滇调研。

5月31日　2018年滇西脱贫攻坚部际联系会议在昆明举行。

2018年6月

6月12日　省扶贫开发领导小组第八次全体会议在昆召开。

6月14日至15日　中共中央政治局委员、国务院扶贫开发领导小组组长胡春华在云南调研脱贫攻坚工作。

6月28日　省扶贫开发领导小组召开专题会议，贯彻落实《中共中央国务院关于打赢脱贫攻坚战三年行动的指导意见》。

2018年7月

7月16日至25日　国务院扶贫开发领导小组督查组对云南2017年省级党委和政府扶贫开发工作成效考核发现问题整改工作开展督查。

2018 年 8 月

8 月 31 日　上海广东企业助力云南教育扶贫捐赠仪式在昆明举行。

8 月 31 日　省政协召开全省政协系统开展脱贫攻坚助推行动工作会议，动员全省三级政协组织、三万政协委员，按照党委政府部署安排，坚持群众所需、政协可为、委员所能的原则，有力出力、有钱出钱、有智出智，积极投身脱贫攻坚。

2018 年 9 月

9 月 25 日　全省脱贫攻坚暨项目规划建设能力提升培训班在省委党校开班。

2018 年 10 月

10 月 12 日　由中国光彩事业促进会、云南省人民政府主办，中共云南省委统战部、云南省工商联和怒江州委、怒江州人民政府承办的"中国光彩事业怒江行"主体活动大会在怒江州泸水市举行。

10 月 15 日至 17 日　中共中央政治局常委、全国政协主席汪洋在云南调研藏区民族宗教和脱贫攻坚工作。

10 月 17 日　全省脱贫攻坚表彰大会暨先进事迹报告会在昆明举行。同日，"以茶为媒·精准扶贫——'10·17'扶贫茶助推云南脱贫攻坚公益活动"在昆明启动。

10 月 18 日　中央第十二巡视组对云南省开展脱贫攻坚专项巡视工作动员会召开。

2018 年 11 月

11 月 1 日　省委理论学习中心组以深入学习习近平总书记关于扶贫工作的重要论述为主题开展集中学习。

11 月 7 日　省扶贫开发领导小组第九次全体会议在昆明召开。

11 月 15 日至 16 日　广东省委书记李希、省长马兴瑞率广东省党政代表团赴云南对接粤滇扶贫协作工作。

11月16日　全省深度贫困地区脱贫攻坚现场推进会在怒江州泸水市召开。

2018年12月

12月13日至14日　云南省党政代表团赴广东省对接云南广东扶贫协作工作。

12月14日至15日　云南省党政代表团赴上海学习考察,上海市委书记李强参加活动并主持召开上海云南扶贫协作第二十次联席会议。

12月18日　省委、省政府与国务院扶贫办在北京举行工作会谈。

2019 年

2019年1月

1月3日　按照国务院扶贫开发领导小组统一安排部署,由江西省、浙江省、四川省和吉首大学组成的省际交叉考核组来云南对省级党委和政府扶贫开发工作成效和东西部扶贫协作工作进行考核。

1月26日　中央第十二巡视组向云南省委反馈脱贫攻坚专项巡视情况。

2019年2月

2月12日　省委、省政府在昆明召开昭通市脱贫攻坚推进会。

2月27日　省委、省政府在昆明召开中央脱贫攻坚专项巡视指出问题整改工作暨全省脱贫攻坚推进和作风建设会议。

2019年3月

3月1日至2日　农工党中央在昆明召开农工党2019年脱贫攻坚民主监督工作会议。

3月25日　省政府党组领导班子召开脱贫攻坚专项巡视整改专

题民主生活会。

2019 年 4 月

4 月 8 日　中国工程院与云南省人民政府科技扶贫工作推进会在普洱市澜沧县举行。

4 月 11 日　省扶贫开发领导小组第十一次全体会议在昆明召开。

4 月 14 日　省委书记陈豪到贡山县独龙江乡，同独龙江乡干部群众一起学习习近平总书记给独龙江乡群众回信精神。

4 月 22 日至 23 日　全省深度贫困地区脱贫攻坚现场推进会在迪庆州香格里拉市召开。

4 月 26 日　上海云南扶贫协作第二十一次联席会议在昆明举行。会上，沪滇两地签署产业扶贫、教育帮扶、劳务协作等协议。

4 月 28 日　省委、省政府在昆召开解决"两不愁三保障"突出问题电视电话会议。

2019 年 5 月

5 月 9 日　省扶贫开发领导小组第十二次全体（扩大）会议在昆明召开。

5 月 24 日　全省脱贫摘帽县党委书记座谈会召开，研究部署脱贫攻坚巩固提升工作。

2019 年 7 月

7 月 4 日　怒江州脱贫攻坚第 4 次专题会议召开。

2019 年 8 月

8 月 20 日至 21 日　广东省委书记李希、省长马兴瑞率领广东省党政代表团到云南对接东西部扶贫协作相关工作。

8 月 26 日至 9 月 1 日　农工党中央调研组来滇开展脱贫攻坚民主监督专题调研。

8 月 29 日　农工党中央助力云南脱贫攻坚帮扶项目签约暨捐赠

仪式在昆明举行。

2019 年 9 月

9 月 3 日 省扶贫开发领导小组第十三次全体（扩大）会议在昆明召开。

9 月 9 日 国务院扶贫开发领导小组督查组在云南开展脱贫攻坚督查，并召开督查情况反馈会。

9 月 17 日至 20 日 云南省党政代表团赴广东省开展东西部扶贫协作相关工作。

2019 年 10 月

10 月 15 日 全省脱贫攻坚表彰大会暨脱贫攻坚先进事迹报告会在昆明举行。

10 月 16 日至 17 日 云南省党政代表团赴上海开展东西部扶贫协作相关工作。

10 月 25 日 怒江州脱贫攻坚第 5 次专题会议在泸水市召开。

2019 年 11 月

11 月 21 日 省扶贫开发领导小组第十四次全体会议在昆明召开。

2019 年 12 月

12 月 23 日至 25 日 中共中央政治局委员、国务院副总理孙春兰在云南调研。

12 月 23 日 根据党中央关于巡视工作统一部署，中央第十二巡视组对云南省开展脱贫攻坚专项巡视"回头看"，召开进驻沟通会。

2020 年

2020 年 1 月

1 月 4 日至 5 日 国务院扶贫开发领导小组在云南怒江召开深度

贫困地区脱贫攻坚座谈会，全面启动脱贫攻坚收官工作。

1月6日至8日　全国人大常委会副委员长、农工党中央主席陈竺率农工党中央调研组在滇开展脱贫攻坚民主监督专题调研。

1月11日　省扶贫开发领导小组第十五次全体（扩大）会议在昆明召开。

1月19日至21日　中共中央总书记、国家主席、中央军委主席习近平云南考察调研并对云南脱贫攻坚工作提出新要求。

2020年2月

2月10日　省委、省政府在昆明召开全省脱贫攻坚推进电视电话会议。

2月28日　2020年滇西脱贫攻坚部际联系会暨教育部直属系统扶贫工作推进会以视频会议形式召开。

2020年3月

3月6日　全省电视电话会议召开，学习贯彻习近平总书记在决战决胜脱贫攻坚座谈会上的重要讲话和考察云南重要讲话精神，安排部署疫情防控和脱贫攻坚工作。

3月23日　省委常委会召开扩大会议，传达学习中央政治局常委会会议精神、中央脱贫攻坚专项巡视"回头看"的反馈意见和国务院扶贫办脱贫攻坚成效考核的反馈意见，研究部署整改工作。

3月26日至27日　怒江州脱贫攻坚第6次专题会议在泸水市召开。

2020年4月

4月23日至26日　中共中央政治局常委、全国政协主席汪洋到昭通市、毕节市等地，调研脱贫攻坚工作。

4月27日　省委常委班子召开巡视整改专题民主生活会，认真抓好中央第十二巡视组对云南省开展脱贫攻坚专项巡视"回头看"反馈意见整改落实。

4月28日 省委常委会召开扩大会议，学习贯彻习近平总书记在陕西考察时的重要讲话精神；传达学习中央政治局常委、全国政协主席汪洋在云南调研时的重要讲话精神。

4月29日 省扶贫开发领导小组第十六次全体会议在昆明召开。

4月30日 全省推进产业扶贫工作电视电话会议在昆明召开。

2020年5月

5月13日 国务院扶贫办与省委省政府召开云南省深度贫困地区脱贫攻坚推进会。

5月15日 省扶贫开发领导小组召开脱贫攻坚约谈视频会议。

5月19日 大滇西旅游环线建设工作领导小组第3次会议召开并强调，努力打造产业扶贫示范区，促进脱贫攻坚和乡村振兴战略有效衔接，推动沿线地区经济高质量发展。

2020年6月

6月2日 省委常委会召开扩大会议，传达学习十三届全国人大三次会议、全国政协十三届三次会议精神，号召以决战决胜的姿态，狠抓各项工作落实，聚焦重点攻坚克难，坚决完成决战决胜脱贫攻坚目标任务，坚决夺取全面建成小康社会伟大胜利。

6月8日 全省脱贫攻坚整改工作推进视频会议在昆明召开。

6月5日至9日 全国政协副主席、农工党中央常务副主席何维率农工党中央调研组在滇开展脱贫攻坚民主监督专题调研。

6月11日 省十三届人大常委会第十八次会议举行联组会议，对全省脱贫攻坚工作情况进行专题询问。

6月29日 怒江州脱贫攻坚第7次专题会议召开。

6月30日 省委常委会召开扩大会议，学习贯彻习近平总书记近期重要指示批示精神，传达学习国务院扶贫开发领导小组脱贫攻坚督战工作电视电话会议精神，研究贯彻工作。

2020 年 7 月

7 月 7 日至 8 日　广东省委书记李希、省长马兴瑞率广东省党政代表团到云南调研扶贫协作工作。

7 月 9 日　全省脱贫攻坚普查动员部署视频会议在昆明召开。

7 月 10 日　省扶贫开发领导小组第十七次全体会议在昆明召开。

7 月 16 日至 17 日　上海市委书记李强率领上海市代表团到云南考察沪滇扶贫协作工作落实情况。

7 月 24 日至 25 日　中国共产党云南省第十届委员会第十次全体会议在昆明举行

7 月 27 日至 8 月 1 日　国务院扶贫开发领导小组督查组对云南开展脱贫攻坚督查。

2020 年 8 月

8 月 1 日　国务院扶贫开发领导小组对云南脱贫攻坚督查情况反馈会在昆明召开。

8 月 11 日至 13 日　国务院扶贫开发领导小组副组长、办公室主任刘永富率领调研组在云南调研脱贫攻坚工作，要求进一步发扬"西畴精神"，继续保持攻坚态势，确保如期实现脱贫目标。

8 月 20 日　省扶贫开发领导小组第十八次全体会议在昆明召开。

2020 年 9 月

9 月 7 日　以"万企参与、亿人同行"为主题的全省消费扶贫月活动在云南省农业职业技术学院启动。

9 月 10 日　国务院扶贫开发领导小组办公室在昆明召开 2020 年脱贫攻坚考核评估工作会议。

9 月 12 日至 14 日　教育部党组书记、部长陈宝生深入丽江市宁蒗县、怒江州兰坪县调研教育脱贫攻坚工作。

9月24日 全省脱贫攻坚百日提升行动工作调度会议在昆明召开。

2020年10月

10月15日 云南省脱贫攻坚表彰大会暨脱贫攻坚先进事迹报告会在昆明举行。

10月17日 2020年全国脱贫攻坚奖表彰大会暨先进事迹报告会在北京举行，我省5人1单位受到表彰。

10月20日 全国脱贫攻坚先进事迹第八巡回报告团在我省开展巡回报告。

10月21日 外交部定点帮扶金平产业新业态推介会暨"长寿之乡"授牌仪式在昆明市举行。

2020年11月

11月4日至5日 阮成发在怒江傈僳族自治州宣讲党的十九届五中全会精神，督导检查脱贫攻坚工作并在泸水市主持召开怒江州脱贫攻坚第8次专题会议。

11月14日 云南宣告88个贫困县全部退出贫困县序列，贫困群众告别绝对贫困，历史性地告别了延续千年的绝对贫困。

11月14日 云南省扶贫办向新华社发布消息：怒族、傈僳族近日实现整族脱贫，至此，云南等11个"直过民族"和人口较少民族历史性告别绝对贫困，实现整族脱贫。

11月17日至18日 全国发展改革系统易地扶贫搬迁工作现场会在昭通市举行。

11月27日 王予波在省扶贫办调研并主持召开座谈会时强调，要认真学习贯彻党的十九届五中全会精神，深入贯彻落实习近平总书记关于扶贫工作的重要论述和党中央决策部署，狠抓脱贫攻坚巩固提升，确保脱贫成果得到人民认可、经得起历史检验。

11月25日至26日 最高人民检察院检察长张军率最高检调研

组赴滇，深入定点帮扶贫困县文山壮族苗族自治州西畴县、富宁县，宣讲党的十九届五中全会精神，调研脱贫攻坚巩固提升、服务保障乡村振兴工作。

2020 年 12 月

11 月 30 日至 12 月 1 日　阮成发在昭通市调研检查脱贫攻坚巩固工作时强调，要深入学习贯彻党的十九届五中全会精神和习近平总书记关于扶贫工作的重要论述，抓牢抓实脱贫攻坚成果巩固工作，毫不松懈打好脱贫攻坚收官之战，确保交出一份高质量的脱贫答卷。

12 月 2 日　云南·广东扶贫协作工作联席会议在广州市举行。

12 月 6 日　按照国务院扶贫开发领导小组统一安排部署，由中央和国家有关部委，内蒙古、福建、宁夏等省区和广州大学组成的国家脱贫攻坚成效考核组，对我省党委、政府扶贫开发工作成效和东西部扶贫协作工作开展考核。

12 月 8 日　国务院新闻办公室在昆明举行以"牢记总书记关心嘱托打好云南脱贫攻坚战"为主题的云南脱贫攻坚新闻发布会。阮成发作新闻发布并回答记者提问，王予波回答有关提问。

12 月 10 日　中宣部授予云南省丽江市华坪女子高级中学党支部书记、校长张桂梅时代楷模称号。

12 月 15 日　省委、省政府与国务院扶贫办在北京举行工作会谈。

12 月 15 日至 16 日　全国就业工作座谈会在昭通市召开，要求健全就业扶贫政策与乡村振兴衔接长效机制。

12 月 26 日　阮成发、王予波在昆明会见中国长江三峡集团有限公司董事长雷鸣山一行，对三峡集团长期以来给予云南经济社会发展和脱贫攻坚的大力支持表示感谢。

12 月 30 日　省委在昆明举行"全国优秀共产党员"、"时代楷模"张桂梅同志先进事迹报告会。

展　望

　　2020年脱贫攻坚全面胜利，困扰云南千百年的绝对贫困问题得到历史性的解决，全省各族人民即将迎来第一个百年奋斗目标的实现，云南基本省情发生深刻变化，边疆、民族、山区、美丽正成为云南新的靓丽名片。"脱贫摘帽不是终点，而是新生活、新奋斗的起点。"实现巩固拓展脱贫攻坚成果同乡村振兴有效衔接，持续开展相对贫困治理，建设更高水平的全面小康将成为"三农"工作的重点。

　　后脱贫时代，扶贫体系由政府主导转变为政府引导、市场主导，从顶层设计上构建总揽全局、协调各方的组织体系，丰富乡村振兴的内容、巩固脱贫攻坚的成效。持续完善城乡公共服务均等化，提供公平地受教育、参与市场和享受社会公共服务的机会，不断缩小教育、卫生、社保等社会公共服务城乡差距。把生态文明理念融入经济社会发展各方面，推动一二三产业融合发展，让绿色产业成果不断惠民。把在脱贫攻坚工作中有办法、有干劲、有担当、有人气的优秀人才利用起来，为乡村振兴注入新的活力和动力。加强价值引导，移风易俗、成风化人，把法治观念、诚实守信、自力更生、革除陋习等要求纳入乡规民约，构建人人参与的长效管理机制，形成共建共治共享的乡村治理格局。

　　"脱贫只是第一步，更好的日子还在后面。"在"两个一百年"奋斗目标交汇的历史时刻，我们要始终坚持以习近平新时代中国特色社会主义思想为指导，立足于人民群众对美好生活的向往，致力于解决群众所需所盼所想，为实现"生态美、产业兴、百姓富、边疆稳"的美好画卷而努力奋斗。

后　记

　　《云南脱贫攻坚战纪实》一书由中共云南省委宣传部牵头，云南省社会科学院、中国（昆明）南亚东南亚研究院具体负责组织编著。编写工作由何祖坤、黄小军同志具体负责。本书写作分工如下：

　　提纲拟定及统稿：何祖坤、黄小军。引言：字振华。第一章：崔江红、陈晓未。第二章：崔江红。第三章：陈亚山。第四章：王献霞、平金良。第五章：张体伟。第六章：郑欣峰、冯皓。展望部分：郑欣峰、冯皓、詹筱媛。

　　参与策划修改的有：杨正权、郑维川、张瑞才、沈向兴、陈光俊、侯胜、陈利君、尤兴光、姜若宁、欧黎明、字振华、刘婷、岳山、王志、刘稳权等。

　　本书在编写过程中，省委办公厅、省纪委省监委、省委组织部、省委政法委、省委政策研究室、省委党史研究室、省人大常委会办公厅、省政府办公厅、省发展和改革委员会、省工业和信息化厅、省教育厅、省科技厅、省民族宗教委员会、省民政厅、省司法厅、省财政厅、省人力资源和社会保障厅、省自然资源厅、省生态环境厅、省住房和城乡建设厅、省交通运输厅、省农业农村厅、省水利厅、省商务厅、省文化和旅游厅、省卫生健康委员会、省政府研究室、省广播电视局、省统计局、省政府扶贫开发办公室、省医疗保障局、省政府发展研究中心、省地方志编撰委员会办公室、省政协办公厅、省档案局等单位认真审读并提出了修改意见,对编写工作给予了大力支持,人民出版社为本书的出版做了大量编辑工作。对于帮助和支持本书编写的单位和个人,在此一并表示衷心的感谢。

2020年3月正式启动本书编写工作。2020年4月,经多次讨论修改,形成了编写提纲。在编写组的艰苦努力下,2020年5月上旬形成初稿。2020年5月至11月,在征求各单位和各方面专家意见的基础上,编写组经过反复推敲和数十次认真修改完善,最终形成送审稿报省委宣传部审定后出版。

限于撰稿和编辑水平,书中难免存在不足之处,恳请读者批评指正。

编　者